ET SI LA CLÉ ÉTAIT AILLEURS ?

DISCOGRAPHIE

1974 - L'écritoire
1976 - J'attends
1977 - Tarentelle
1979 - J'ai la guitare qui me démange
1981 - Ca n'est pas c'qu'on fait qui compte
1983 - La statue d'ivoire
1985 - La langue de chez nous
1987 - Ton absence
1990 - Blessures d'enfance
1991 - En public
1993 - Lignes de vie
1994 - Entre elles et moi
1995 - Vos préférences
1996 - Pour les enfants
1997 - Touché
2001 - Sans attendre
2001 - Tournée Acoustique
2002 -Yves Duteil chante les enfants
2003 - Yves Duteil chante pour elle
2003 - Tous les droits des enfants
2004 - Yves Duteil chante l'air des mots
2008 - (Fr)agiles
2012 - Flagrant délice

BIBLIOGRAPHIE

Yves Duteil par Élisabeth Chandet, Éditions Seghers, 1981.
La langue de chez nous, Éditions Nathan, 1987.
Les mots qu'on n'a pas dits, Éditions Nathan, 1987.
Prendre un enfant, Éditions Nathan, 1988.
Le Cirque, Éditions Nathan, 1990.
Pour les enfants du monde entier, Éditions Nathan, 1991.
Ma France buissonnière, Éditions de la Martinière, 1998.
Livre blanc pour y voir plus vert dans les forêts, Éditions Édisud, 1999.
Dans l'air des mots, Éditions de la Martinière, 2004.
Les choses qu'on ne dit pas, Éditions l'Archipel, 2006.
Profondeur de chant par Yves Duteil et Alain Wodrascka, Éditions l'Archipel, 2012.
La petite musique du silence, Préface de Bertrand Révillion, Éditions Médiaspaul, 2013.

YVES DUTEIL

ET SI LA CLÉ ÉTAIT AILLEURS ?

MÉDIASPAUL

La collection « Grands Témoins »
est dirigée par Bertrand Révillion
bertrand.revillion@mediaspaul.fr

Conception graphique de la couverture : *Béatrice Basteau*
Photo auteur : © *Éric Vernazobres*
Le blog d'Yves Duteil : www.yvesduteil.com

© Médiaspaul 2017

Médiaspaul Éditions
48 rue du Four
75006 Paris
editeur@mediaspaul.fr
www.mediaspaul.fr

ISBN : 978-2-7122-1452-4

Pour le Canada :

Médiaspaul
3965, boulevard Henri-Bourassa Est
Montréal, QC, H1H 1L1
mediaspaul@mediaspaul.ca
www.mediaspaul.ca

Imprimé en France

À ma mère, Brunette aux yeux pervenche,
À mon père, Robert, blessé de l'âme,
qui n'auraient jamais pu imaginer
donner naissance à un saltimbanque.

À ma Noëlle qui soudain, a allumé la lumière.
À Martine, fragile et rebelle, qui a posé son cœur
dans le creux de mes mains.
À Toussaint, pour les graines de bonheur
qu'il sème sur nos chemins.

À ceux que j'aime, à jamais.

Yves

OUVERTURE

Comme la photographie conjugue la lumière avec l'ouverture et la mise au point, notre esprit capte et projette un éclairage unique, sa profondeur de champ est liée à notre ouverture au monde, et nous focalisons sur un point tout en essayant de conserver une vision d'ensemble. La spiritualité guide ma vie. Elle ajoute une dimension d'altitude qui me manque sur le papier. Et quand j'atterris à nouveau après une échappée, mon cœur a étanché sa soif de ciel et son envie d'envol, je me sens plus riche d'un espace intérieur, plus vaste de ce dépassement. Au-delà de nous, il existe une multitude de sentiers qui nous effraient autant qu'ils nous attirent. Sur ces chemins inconnus, des mains s'ouvrent, des signes nous orientent et des murmures nous interpellent. Ce monde intime, imperceptible dans l'aveuglante clarté du soleil, a besoin de pénombre et de silence pour dialoguer, loin du tumulte quotidien. C'est ce voyage que je voudrais partager, parce qu'il concentre tout ce que nous avons de plus précieux, de plus fragile et solide à la fois, cette part insaisissable d'immatériel qui cumule nos héritages et traverse le temps à travers la mémoire de l'essentiel. L'éternité n'a cure du présent. Mais nous sommes peut-être les innombrables caractères dont elle a besoin pour écrire sa route et incarner cette continuité. Nous ne sommes que des passeurs, mais sans nous aucune conscience ne transmettrait plus ce message. Sans un regard pour l'observer, la lumière ne brille pour personne. Quelles que soient nos religions, nos croyances ou nos cultures, nous portons ce mystère comme une étincelle depuis la découverte du feu jusqu'à la flamme olympique, dans une course de relais dont chaque foulée est un petit morceau d'éternité. Comme une mouche posée sur la Joconde n'imagine pas la beauté de ce visage, il nous manque encore trop de pièces du puzzle et la mosaïque de l'univers est sans limites. Pourtant, notre instant nous appartient. C'est notre liberté infime. Dans l'espace d'une vie, nous disposons d'un atome de cette poussière d'énergie : nous rêvons. D'un monde meilleur, d'un avenir serein, d'une humanité apaisée. Le monde se construit par la pensée des hommes. Les enjeux de pouvoir sont une phase interminable dans ce parcours d'obs-tacles jalonné d'essais et d'erreurs. Depuis la nuit des temps, dans ce dédale de guerres, de souffrances et de cataclysmes, l'espoir se fraie un chemin. C'est un secret partagé qui voyage dans les cœurs et les esprits. C'est un mot d'amour, la graine d'un fruit, un pollen invisible qui féconde la terre et attend la saison propice pour germer, grandir et prospérer. C'est une pensée dans un jardin, une oasis peut-être ? Une espérance.

LES CLÉS DE MA VIE

Nous vivions à Paris rue de Tocqueville, à mi-chemin entre le calme feutré du Parc Monceau et les cris des marchandes de quatre saisons de la Rue de Lévis. Un vieil ascenseur aux portes de verre trônait au cœur de l'escalier principal, j'avalais les marches en courant jusqu'au troisième étage pour monter chez nous. J'étais vivant, mais je suis né beaucoup plus tard. Le cœur en sommeil et l'âme silencieuse, j'écoutais ma mère jouer du piano, et quand j'ai posé mes mains sur son clavier à mon tour, j'ai embarqué dans ma vie sans le savoir. Dans la magie des harmonies, il y avait l'amorce d'un partage, le début d'un ailleurs. J'étais au seuil de l'inconnu qui allait remplir mon existence. J'avais dix ans. J'en ai soixante-sept, et je suis toujours sur ce même chemin. Heureux, passionné, j'ai rencontré les mots pour le dire, l'amour pour le vivre, et contre toute attente, issu de cette famille raisonnable et appliquée, je suis devenu saltimbanque. La fantaisie a fait son entrée discrète dans l'appartement familial, et comme elle ne pouvait être un destin, elle s'est assise auprès de moi, compagne fidèle, et m'a suivi en attendant son heure, de l'école à la fac, des vacances au bord de la mer à l'envol de l'adolescence, comme un nuage de musique entre mes mains. Je n'ai aucun souvenir de conversation avec mes parents sur la religion ou la spiritualité. J'ignore encore aujourd'hui s'ils étaient croyants. À travers leur exemple plus que par leur parole, je porte en moi le cadeau de les avoir vus vivre, se débattre, et nous conduire avec mon frère et ma sœur jusqu'au seuil de notre avenir. Leur droiture est en moi comme une empreinte indélébile, un repère immuable.

« À table ! » disait maman, et je répondais « J'arrive ! » mais je n'arrivais jamais, trop occupé à retrouver au piano la suite du premier prélude de Bach ou à reproduire la rythmique à cinq temps sur « Take five » de Dave Brubeck. La musique me portait, comme un ballon captif s'élève, retenu au sol par un fil, juste pour passer la tête au-dessus des nuages et respirer le ciel. C'était mon espace de liberté, ma cabane, un morceau d'éden soyeux volé à la grisaille de l'ordinaire. Un refuge. Un refus. Le clavier me reliait à l'inaccessible rêve d'une vie différente. Il traduisait en harmonie tout ce qui chez nous se taisait par pudeur. Cette poésie-là n'avait pas encore de mots pour se dire, mais je prenais des notes. L'enfance me semblait un labyrinthe et le seul chemin pour en sortir était au-dessus de moi, à ciel ouvert. Alors je m'évadais sans partir, j'étais un résistant, un rebelle, je disais « j'arrive » et je poursuivais mon vol plané dans la résonance du dernier accord avant de prendre sagement ma place autour de la table du repas.

Dans mon monde secret, Croc-Blanc, Moby Dick et Sinbad le marin m'emportaient loin du réel, dans la magie de l'imaginaire. Mes jours se déroulaient sans surprises, mais chaque nuit était une aventure, je découvrais mes pouvoirs surnaturels sous les plis du quotidien. Mon esprit voyageait sur l'écran de mes paupières closes, et je m'envolais comme Nils Olgerson sur le dos d'une oie sauvage pour faire le tour de la Terre. Sans rien dire à personne, j'étais quelqu'un. Un enfant sage et joyeux, mais pétri d'angoisse et d'ennui, et soudain, un enchanteur pour qui rien n'était impossible. Je planais dans l'infini comme Jonathan Livingston le Goéland. Mon bonheur était là, au bord du songe, mes seules certitudes étaient du domaine de l'irréel. Je suis encore fasciné par l'immatériel, et si les super-pouvoirs n'ont plus prise sur mon imaginaire, c'est sans doute pour avoir découvert dans la réalité les ressources surprenantes de l'âme humaine, la puissance de l'amour, la force des sentiments et le pouvoir de l'émotion. Tout cela ressemble tellement à mes rêves d'enfant... Existait-il un lien d'intuition entre cette petite boussole intérieure qui nous guide imperceptiblement sans rien nous révéler, et les méandres interminables du fleuve qui nous emporte au gré de son courant ? Comme la pensée construit le monde, notre volonté se pose sur nos rêves comme un ferment. C'est une graine qui dort sous la mousse, notre légende personnelle qui attend le printemps d'une rencontre pour éclore. Dès lors, il n'est plus besoin de licornes, d'anneaux ensorcelés ou de formules magiques, et le récit n'en est que plus beau. J'avais les clés de ma vie dans le tiroir de ma table de nuit.

La spiritualité prenait sa source ici, dans le désir de respirer l'invisible, de creuser le ciel plutôt que la terre, de mettre des mots sur l'indicible. Chez nous on ne parlait pas d'amour. Dans ce registre, notre père, ultra-sensible, traçait la route sans un geste tendre, nous étions tous pudiques et gauches, mais maman savait nous dire sa douceur sans nous prendre dans ses bras. J'ai pris la force et la tendresse de son regard. J'aimais bien être (un petit peu) malade, car ses yeux pervenche m'enveloppaient de confiance. Elle avait été infirmière pendant la guerre, et savait même faire les piqûres sans faire mal. Sous les mots qu'on dit pour se taire, j'ai compris la richesse du silence. La poésie n'était encore pour moi qu'une leçon poussiéreuse dans le Lagarde et Michard du collège, et je n'avais pas plus d'égards pour la Rose de Ronsard que pour les pauvres pendus de Villon… peut-être davantage d'affinités avec Rabelais, à cause des aventures extraordinaires de Gargantua et Pantagruel, mes effets spéciaux de l'époque, et pour Jules Verne, ma science-fiction dont les héros filaient vers la lune et plongeaient sous les mers. Le ciel et les abysses… L'altitude et la profondeur. À l'évidence, vivre était un voyage, une aventure, l'espace était ma cour de récré, mais ma pensée n'était qu'un souffle, et les images s'envolaient trop vite pour que je puisse les conserver. Le filet à papillons ne retenait que du vent, la moisson de mes rêves était une foule de questions sans réponses.

RÊVER UTILE

Je voulais faire de ma vie quelque chose d'exceptionnel, mais il me manquait le mode d'emploi. Soulager la douleur du monde, c'était pas mal, mais devenir président de la République me tentait aussi... J'hésitais. Mon sommeil me conduisait vers un destin inédit, mais le réel me ramenait vers mes limites matérielles, et j'avais beau ouvrir mes bras comme des ailes, dans la journée ça ne marchait pas. Par bonheur, la musique commençait à prendre vie sous mes doigts. Je dirigeais dans ma chambre l'orchestre de mes disques favoris, et sur la Bande Originale du « Pont de la Rivière Kwaï », le monde obéissait à ma baguette de chef. Ma flûte en plastique n'était pas enchantée, et quand je rejouais le morceau tout seul sans le support des tourne-disques, c'était loin d'être gagné... Ma tante Germaine, la sœur de mon père, avait dans ces moments-là un sourire bienveillant qui en disait long sur le décalage entre mes rêves et ma pauvre réalité... J'ignorais que cet orchestre imaginaire serait ma vie. J'arpentais sans le savoir le début d'un Himalaya de bonheur, sans carte et sans boussole. J'ai perdu en errance un temps infini, qui aurait pu me mener vers des sommets d'apprentissage jusqu'à un Everest de connaissances. Mais je ne savais pas où j'allais, et pire, le chemin n'existait pas. Cette destinée autodidacte n'avait ni filière ni diplôme, je séchais même les cours de solfège pour faire du jazz avec mes copains dans une cave, au piano... Sage et docile en apparence, j'étais rebelle de cœur. Les études de Bach passaient devant mes cours d'économie politique de la fac, rue d'Assas. Je ne serais pas bijoutier comme Maman, ni assureur comme Papa. Mais je n'étais pas davantage poète ou musicien. Ma route ne menait nulle part. Pourtant, quelque chose en moi savait. Un sixième sens, une persévérance obstinée, une petite pousse vert tendre qui parvenait toujours à sortir entre deux pavés, trois accords de Polnareff sur la guitare d'un copain, quatre chansons couchées sur un carnet, un désir persistant d'être ailleurs, autrement, mon ignorance guidée sans cesse par une soif d'évasion, l'obsession de sortir des sentiers battus. Ma vie était presque vide. Et c'est ce « presque » qui m'a sorti du néant.

Comme l'étoile du Berger, j'ai suivi des signes de piste imperceptibles, déniché des chemins de traverse improbables, mais je n'ai jamais perdu l'espoir d'être un enfant d'Icare. Fasciné par Léonard de Vinci, j'avais une conviction : l'avenir se dessine dans l'imaginaire. Le parachute, l'hélicoptère, le char d'assaut, l'arbalète ou Mona Lisa, c'étaient d'abord ses rêves foisonnants. La force créative de sa pensée n'avait pas fait de lui un prophète comme Nostradamus mais un ingénieur, un ingénieux, un artiste visionnaire. L'intuition travaille la nuit, mes bras s'ouvrent et le ciel m'appartient. Alors j'ai commencé à rêver utile...

CHERCHEUR D'OR

Ma vraie vie s'est construite autour de l'immatériel. Si cette évidence s'impose aujourd'hui comme un puzzle, les pièces étaient alors trop dispersées pour que l'image apparaisse. Fasciné par les OVNI, j'en étais un moi-même. Tel Benoît Brisefer, le petit héros de BD qui perd ses superpouvoirs sitôt qu'il s'enrhume, j'étais submergé par le réel, ma force imaginaire inhibée par mon encombrante fragilité. Peu à peu, la frontière qui sépare le quotidien du possible s'est estompée. L'esprit est sans limites. Cette sensibilité qui me rendait vulnérable au moindre courant d'air était peut-être un atout. Devenir « créateur » ne relève d'aucune filière, c'est un sentier à défricher, un silence bruissant de promesses. Ce n'était pas un métier. Écolier, puis collégien, je n'entendais pas encore cette petite voix qui composait dans ma tête, de plus en plus insistante, la mélodie de ma vie. Pourtant la musique m'aspirait, m'inspirait. Quand mes parents l'ont compris, ils m'ont inscrit au cours de piano de Mademoiselle Parent, rue Legendre. J'avais dix ans. Canaliser ce flot de liberté en m'imposant des gammes était une mission impossible. Réfractaire à la Méthode Rose, je m'échappais du carcan du solfège pour gambader vers La Marche Turque de Mozart. Je l'avais apprise par cœur sur les disques de mes parents et je les rejouais d'oreille en faisant mine de lire la partition. Mes doigtés étaient fantaisistes et mes mains s'emmêlaient sur les touches noires.

Mademoiselle Parent, désemparée, a déclaré forfait au bout de deux ans. Mon père, conscient de cette vocation musicale naissante, mais déconcerté devant l'inconnu de ce destin qui ne ressemblait à rien dans son répertoire, a tenté de rationnaliser l'affaire : il m'a dit « d'accord, mais fais-le sérieusement ». J'ai donc pris des cours d'harmonie auprès d'un vieux professeur dont je bénis encore aujourd'hui la clairvoyance. Au bout de quelques cours, il m'a rendu à cette liberté qu'il pressentait dans mon jeu : « Ce que j'essaie de vous apprendre, vous le savez d'instinct. Avec la théorie, je troublerais cette connaissance innée. Il vaut mieux que nous arrêtions… » Il m'a permis d'improviser ma route, et de me découvrir compositeur. Je voulais parler avant d'apprendre à écrire, ce que font tous les enfants. Je ne lis toujours pas les portées musicales, mais chaque accord m'évoque une émotion pure, et pas une note fausse ne passe sans grimace, je dialogue sans difficulté avec les musiciens qui m'accompagnent. Je compose grâce au dictaphone qui enregistre fidèlement la mémoire de mes mélodies et le détail des arpèges qui s'inventent sous mes doigts. Mes premiers textes se sont posés sur les notes, au hasard de l'humeur du jour. Les thèmes n'avaient rien d'original, la guerre, la complainte du condamné à mort, l'amour d'une belle, et la seule chanson qui ait survécu à cette période, ce fut « La puce et le pianiste », qui s'est propulsée depuis jusqu'aux classes des écoles primaires… Dans l'orchestre du lycée, où j'étais l'organiste, j'ai fait la connaissance de Patrice Marquis, pour qui les chorus vertigineux de Django Reinhardt n'avaient aucun secret… Entre deux répétitions j'ai trouvé sur sa guitare l'intro mythique de « I feel fine » des Beatles. Je tenais le fil qui m'a guidé à travers ce labyrinthe. Il en est ainsi des rencontres déterminantes qui modifient le cours de notre vie et nous orientent vers une bonne étoile. J'ai aussitôt demandé une guitare à mes parents comme cadeau de Noël de mes quinze ans. Le dialogue entre nous s'est instauré dès le premier jour. Il se poursuit encore, cinquante ans plus tard, dans une relation permanente et fusionnelle. En ouvrant l'étui, son parfum boisé m'enveloppe un instant dans un nuage de bienvenue. Sa bandoulière aux Bouddhas dorés tapissée amoureusement par Noëlle respire la sérénité. Le silence qui suit n'est jamais vide. C'est toujours un prélude, le signe avant-coureur de l'improvisation. À l'orée de l'inattendu, quand me viennent sous les doigts des arpèges nouveaux, ma voix prend sa place en résonance, et fait partie de l'accord. Je chante, donc je suis…

L'inspiration musicale est un instantané d'émotion qui nous accroche, et que l'on reprend en boucle pour ne pas le perdre, jusqu'à le mémoriser. C'est un cadeau du néant pour donner corps à l'indicible. « Un courant d'air déguisé en coup de vent » disait mon père… J'en ai fait mon métier. Le sentier pour y parvenir était étroit et sinueux, la route a été longue. Mais comme la chenille doit s'extraire du cocon de soie pour ouvrir ses ailes de papillon, et ne parviendra à voler qu'au prix de cet effort démesuré qui seul peut lui en conférer la force, peut-être est-il indispensable, pour prendre notre envol, de s'extraire du cocon de soi ?

Si au moment d'éclore sa première fleur, le pommier s'interrogeait : « Pour quoi suis-je fait ? », donnerait-il autant de pommes et seraient-elles aussi savoureuses ? S'il connaissait à l'avance les terrifiants pépins de sa réalité, aurait-il la force d'affronter la prochaine sécheresse, le gel fatal à ses bourgeons, la grêle dévastatrice et le vers dans le fruit, le geai qui plante son bec dans ses plus beaux fruits mûrs ou les parasites qui dévorent ses feuilles et sa chair ? Il fait ses pommes, du mieux qu'il peut. L'éclosion d'une idée est aussi délicate que la fleur du pommier. Mais qui nous enseigne cette fragilité ? Elle est pourtant au cœur de notre résistance, comme une force intime qui nous irrigue, la sève de notre vie. Cette source de douceur secrète nous construit plus solidement qu'une armure pour affronter les obstacles et surmonter nos peurs. Je ne savais rien de tout cela, mais je tissais ma toile autour de ce silence. Comme un sculpteur transforme un bloc de pierre en corps de femme, je butinais ce vide pour en extraire du miel. J'avais écrit mes premières chansons. Fils de bijoutiers, mes parents voulaient faire de moi un orfèvre, je rêvais d'être chercheur d'or.

AU CARILLON D'OR

Le magasin... C'était la bijouterie familiale, « Au Carillon d'Or » avenue Secrétan à Paris. L'île aux trésors, la Caverne d'Ali Baba. Chaque jeudi, avec mon frère Roland nous plongions dans cet univers serti de diamants, de saphirs et d'émeraudes. Autour des montres aux noms chatoyants, Lip, Longines ou Piaget, les couverts en argent reflétaient la lumière entre les présentoirs de colliers, la vitrine des bagues précieuses et les pendules Atmos aux aiguilles élégamment figées sur la plus belle heure de présentation, dix heures dix. Dans l'atelier au fond du long couloir, j'allais regarder Oncle Jean redonner la vie aux engrenages minuscules cachés sous les couvercles des montres. Moustache en brosse et sourire aux lèvres : « Tu vois mon garçon, là, le pivot repose sur un rubis pour pouvoir tourner sans huile. » La loupe d'horloger vissée sur l'œil, il était le Maître du Temps. Détrôné par les modules à cristaux liquides, il s'est éteint quand les écrans électroluminescents se sont allumés. Les vendeuses étaient toutes nos « tantes ». Tante Margot trônait à la caisse, Tante Simone nous gavait de bonbons et nous couvrait de baisers au rouge à lèvres. Ma (vraie) Tante Marcelle, l'épouse de Jean, régnait sur les comptes dans le bureau du fond avec Maman, et nous recevait à déjeuner dans leur appartement du 22 où les cousins nous ouvraient leur collection complète de *Spirou* et *Pilote*, rangés en piles par numéros, tandis qu'au 24, grand-mère Alice se préparait à nous infliger notre calvaire hebdomadaire d'histoire-géo où mon esprit s'évadait dans les veines translucides de l'abat-jour du salon, aussi parcheminé que son douloureux visage... Elle avait connu l'enfer, la guerre de 39-45 avait décimé dans les camps ceux qu'elle aimait, et pour elle, le temps de la souffrance s'était arrêté sur « L'Affaire ». Sa sœur Lucie était l'épouse admirable d'Alfred Dreyfus, héroïne silencieuse et fidèle d'un cataclysme planétaire dont l'écho résonne encore aujourd'hui sur le monde comme « un moment de la conscience humaine ». Cette injustice avait englouti la fortune familiale dans la défense du Capitaine, et mon grand-père Eugène Duteil, de retour du front en 1918, avait été spolié par l'administrateur chargé de gérer ses biens en son absence. Grand-mère Alice était l'incarnation du deuil, son visage de cire ne souriait jamais. Ses funérailles ont scellé le silence de son cœur, où l'amour s'était éteint, soufflé par la tristesse comme la flamme d'une bougie. Grand-père Eugène était poète à ses heures, il avait acquis un droit d'entrée à vie sur la Tour Eiffel pour un sonnet. Il a laissé quelques pièces de théâtre et des vers célébrant les évènements familiaux : pour mon baptême en clin d'œil au rabbin, il avait rappelé avec humour qu'il ne s'agissait que d'un acte de précaution contre de nouvelles persécutions :

Yves fut conduit à l'église
Afin d'y être baptisé
Sans manifester de surprise
Il était très bien disposé
Mais comme c'est un gros gourmand
Quand on le mit à la mamelle,
Il dit tout bas à sa maman
Ah ! Enfin... Shema Israël !

DES EFFLUVES DE SAGESSES

Le signe de croix a pourtant laissé sur mon front une empreinte indélébile. Comme si le curé, rendant la monnaie de son aumône, m'avait glissé dans l'oreille « prière de t'en souvenir »… Ni tout à fait juif, ni vraiment catholique, je suis judéo-chrétien. Une fois n'est pas coutume, et je ne dispose d'aucune culture, d'aucune tradition familiale dans ce domaine. Ni communion ni bar-mitsvah, mais un livre vierge, comme je les affectionne encore aujourd'hui, à écrire page après page, en attrapant des courants d'air avec un filet à papillons. J'ai commencé à cueillir au hasard un soupçon de bouddhisme, une pincée d'histoire, des bribes de science et des effluves de sagesses diverses, ramassant au passage tout ce qui pouvait ajouter une pièce à cette mosaïque de l'invisible. Entre le miracle de la vie et le génie humain, il me restait un monde à comprendre. Dans cette quête silencieuse, mes parents bijoutiers m'ont appris à récupérer la poussière d'or au sol après la gravure et le polissage, à connaître la valeur de l'infiniment petit. Riche de son humilité, l'orfèvre est un artisan modeste de la beauté du monde.

Mon oncle Jean calibrait les doigts des clientes pour ajuster les bagues, et perçait les oreilles des petites filles, qui revenaient en pleurs de l'atelier avec leurs mamans, pour essayer les boucles créoles en plaqué or qui justifiaient la barbarie de cette cérémonie initiatique. Il était à jamais dix heures dix quand le magasin a fermé définitivement pour faire place à une banque. J'ai perdu le fil du temps. Je ne l'ai jamais vraiment retrouvé. Maman me manque. Elle est partie sans qu'on se dise au revoir. Le chagrin parfois se pare de pierres précieuses, couleur pervenche. Elle m'a offert mon âme d'artiste, m'a confié l'amour des mots et celui de la musique comme un héritage, et n'a connu que les premières notes de cette suite majeure qu'elle a écrite en moi. Son amour coule toujours dans mes veines, et chaque phrase nouvelle porte l'empreinte des leçons qu'elle me dispensait sur la table de la salle à manger pour m'ouvrir à la beauté de la langue française et à ces mystérieuses exceptions (« on écrit *femme*, mais on dit *famme* »), exceptions dont elle faisait partie dans mon cœur. Quand j'ai un mot sur le bout de la langue, c'est son visage qui m'apparaît à l'ouverture du dictionnaire. Elle avait réponse à tout, et complétait ce vaste savoir dans sa bibliothèque de lexiques et d'encyclopédies. « Les chiffres et les lettres » était son émission favorite, elle s'était hissée à la seconde place du concours de mots croisés d'Île de France et Max Favalelli, l'icône des cruciverbistes, était son idole. Dans les films, elle comprenait dès le début qui était l'assassin, et nous racontait la suite du scénario comme si elle l'avait elle-même écrit… Et elle voyait juste la plupart du temps. Pétrie d'une curiosité sans limites, elle s'engageait dans tous les concours qui passaient à sa portée, rébus, énigmes et rallyes-surprise n'avaient aucun secret pour elle. Cette fantaisie discrète tranchait avec l'austérité familiale, et son regard m'ouvrait une fenêtre sur la richesse du monde. Dans les moments de détente qu'elle consacrait aux jeux de l'esprit, elle jonglait avec les mots sans se douter qu'ils deviendraient bientôt mon terrain de prédilection.

MON FRÈRE, GÉO TROUVETOUT

Mon frère, Roland, c'était le Professeur Nimbus et Géo Trouvetout réunis. Bricoleur dans l'âme, sa boîte à outils était une malle aux trésors que je convoitais du coin de l'œil... Mais qu'il gardait jalousement à l'abri de ce petit frère énervant qui avait pris sa place en venant au monde... J'étais son ennemi intime, le ver dans le fruit de sa tranquillité perdue. Dans un mélange subtil d'attachement et de rivalité, nous alternions les concours de chatouilles et les coups de pied de l'âne. Notre relation d'aujourd'hui, parfaitement apaisée, est d'une tendresse sans limites. Au bout de cette enfance tumultueuse, qui l'a conduit en pension tant nos disputes étaient fréquentes et ses colères incomprises, nous avons scellé une paix profonde, dans la rue, au sortir d'une visite à notre père, hospitalisé à Paris dans un établissement de long séjour. À quatre-vingt-treize ans, Papa déclinait peu à peu, et il n'était pas rare qu'à mon arrivée, son regard perdu m'interroge : « Vous êtes qui ? » Le voir ainsi était si douloureux que nous avions décidé avec Roland de conjuguer nos visites et de déjeuner ensuite ensemble. Cette intimité retrouvée a fait renaître le fil de l'affection que nous éprouvions l'un pour l'autre, mais qui ne trouvait pas d'espace de partage pour s'exprimer. Au moment de se quitter ce jour-là, il m'a dit : « C'est formidable d'avoir un frère comme toi. » Nous sommes tombés dans les bras l'un de l'autre. La parenthèse de son départ en pension, le vide de cette blessure d'injustice ouverte depuis l'enfance venaient de se refermer. Notre histoire reprenait son cours. Curieux de tout, sa soif de comprendre me désaltérait, je buvais à la source de ses lectures l'envie de savoir, le bonheur de découvrir. Outre « Le Haut-Parleur », « Système D » ou « Science et vie », nous dévorions les mêmes livres d'anticipation de la collection « Présence du futur », qui publiait sous la plume d'Isaac Asimov la trilogie « Fondation » qui préfigurait « La guerre des étoiles », nous partions sur les traces des « robots » de Van Vogt, et dans les « Chroniques martiennes » de Ray Bradbury, en apnée dans les nouvelles fantastiques qui nous emportaient dans l'espace-temps sans limites de l'imaginaire, vers des civilisations mutantes et des guerres intergalactiques où les bons finissaient par l'emporter sur des puissances du mal avides de pouvoir et de destruction. L'univers était le champ de bataille de prédilection de notre évasion quotidienne, loin de nos devoirs de sciences nat' et de physique où même l'étude du système solaire nous semblait figée dans la réalité d'une navrante banalité, alors qu'un soupçon d'impossible et un nuage de voie lactée donnaient soudain à la vie l'envergure d'une saga aventureuse. Ces écrivains prolifiques décrivaient le « monde meilleur » où nos esprits en devenir s'identifiaient avec délectation aux pires cauchemars d'Aldous Huxley. H.G. Wells et sa « Guerre des mondes » me transportait, j'étais « L'homme invisible », tandis que « La machine à explorer le temps » remodelait l'avenir en modifiant le passé. Mon pouvoir mental illimité se refermait sur le chapitre où le sommeil me terrassait, en me téléportant par la seule force de la pensée jusqu'à « La fin de l'éternité » où un fil de lumière pure trouvait dans l'explosion future du soleil une inépuisable source d'énergie pour le reste des Temps. Hubert Reeves a relayé pour moi aujourd'hui le désir d'envol de ces merveilleux conteurs de fables, mais avec la dimension réelle d'une astrophysique savoureuse qui porte à lever les yeux vers le ciel et à y trouver la poésie silencieuse d'une profondeur infinie. Beaucoup plus tard, Jean, le papa de Noëlle, en m'offrant son télescope, m'a transmis son émerveillement devant ce spectacle grandiose qui a rempli sa vie, et voyant sa passion s'allumer dans mon regard, m'a dit simplement avec un sourire : « Tu seras mes yeux. »

JE NE SUIS PAS ENTRÉ EN SCÈNE
CE SOIR-LÀ...

En juillet 1966, nos parents nous avaient confiés, mon frère et moi, à la vigilance d'un oncle qui gardait un œil sur nous à Arcachon, et ce fut un délice d'été en liberté surveillée. La bride sur le cou, nous explorions en mobylette toutes les routes autour du Bassin, en savourant l'indépendance d'une chambre en ville et en dormant sur la plage à la belle étoile. Ma guitare chauffée à blanc, fort de mes premières chansons, j'ai osé interpeller Hugues Auffray, dont je connaissais par cœur toutes les chansons, pour tenter (en vain) de lui faire écouter les miennes... Il était interviewé dans le cadre d'« Inter-Arcachon-Vacances » et j'y ai gagné le droit de participer le soir-même au Radio crochet organisé sur la scène du Casino ! Mes copains de vacances m'ont prêté des vêtements, un pantalon trop grand, une veste trop petite et une chemise dépareillée pour me permettre de concourir. Quand la salle s'est éteinte et que la poursuite m'a cueilli au bord des coulisses, j'aurais donné n'importe quoi pour faire demi-tour et m'enfuir. Je ne voyais pas le public, et je ne me souviens plus de la chanson que j'ai chantée, ni de l'accueil, ni des applaudissements, j'étais comme un automate face à ce trou noir, la peur au ventre, mais quelque chose d'irrationnel a tout changé : j'ai remporté le concours. Après les libations d'usage avec mes costumiers d'un soir, j'ai remis mon jean et mon T-shirt, rangé ma guitare et rendu mon habit de lumière, puis j'ai repris le chemin de ma chambre. Le lendemain, l'événement n'avait provoqué aucun tsunami sur la planète, nul journal n'avait relaté l'affaire et je n'imagine pas qu'une seule personne parmi les spectateurs de cette soirée ait pu conserver le moindre souvenir de cette grande première. Je ne suis pas entré en scène ce soir-là. La scène est entrée en moi. Je n'avais plus qu'une hâte, réinvestir cet espace magique, ivre d'une prétention naïve qui consiste à penser que des centaines d'inconnus pourraient un jour payer leur place pour se laisser bercer par la bouleversante beauté des paroles et de la musique que je choisirais de leur délivrer… Je me suis souvenu de cet instant prémonitoire, quand des années plus tard en tournée devant le Casino d'Arcachon, sur la façade, en travers de mon nom, on lisait « complet ». Sourire à l'adolescent au fond de moi, et clin d'œil en retour à l'artiste qui bouclait la boucle de son rêve comme une bonne blague faite au destin… La scène est un vaisseau fantôme où l'on embarque avec un équipage pour une traversée de tous les dangers, porté par une vague houleuse sur une mer imprévisible où chaque geste peut faire sombrer votre radeau précaire ou le soulever sur une déferlante d'émotion. Dans cet ailleurs d'illusionniste, on ouvre son cœur dans la lumière en toute impudeur retenue, hors du temps et de l'espace ordinaires, dans une mécanique minutieuse et délicate où tout peut basculer vers le meilleur ou le pire. La salle s'éteint. La scène s'éclaire doucement. Dans la pénombre des coulisses, le cœur battant, j'entends le frisson du public qui retient son souffle. La magie a déjà commencé… Du Casino d'Arcachon à la Resserre aux Diables aux Halles à Paris, de la manche dans les restaurants jusqu'à l'Olympia en première partie de Juliette Gréco, puis de Nicoletta, du Petit Conservatoire de Mireille à la rencontre avec Frédéric Botton qui m'emmène aux studios Pathé Marconi pour enregistrer ma première chanson au milieu de quarante musiciens dirigés par Alain Goraguer, mes années de patience se sont égrenées en passion, cette vocation s'est ancrée en moi comme une certitude. En 1972, ce tout premier disque m'a propulsé pendant plusieurs semaines au sommet du tremplin d'Europe 1 où j'ai surfé sur la vague d'un succès d'estime devenu ma chanson fétiche, « Virages ».

Trois ans plus tard, ma discographie s'était enrichie de deux nouveaux 45 tours, et un album était en gestation. Une inspiration foisonnante m'emportait de « La tendre image du bonheur » à « L'écritoire », tandis que je m'envolais sur les allitérations d'« Un lilas pour Eulalie » en imaginant que « L'amour est une maison »…

NOËLLE, LE PHARE SUR LA JETÉE

Ma vie sentimentale n'était encore qu'une île déserte quand ces premières chansons se sont posées sur le cœur de Noëlle pour la consoler d'un chagrin sans fond. J'ai découvert chez elle une nouvelle famille, la tendresse partagée d'une cohorte d'amis joyeux, un déluge de sentiments tourbillonnait autour de la table d'un repas qui dure encore depuis ce jour-là. Martine avait dix ans, elles m'ont adopté toutes les deux et nos routes se sont tressées pour n'en faire qu'une. Le soleil venait de se lever sur le premier jour du reste de ma vie. Noëlle a allumé la lumière. J'ai découvert que la vie avait des couleurs, l'horizon a reculé soudain d'une éternité ou deux, le ciel s'est constellé d'étoiles que je voyais briller dans ses yeux. J'ai suivi son regard, cultivé son jardin, et commencé la belle moisson de nos cœurs.

Désormais, mes refrains ne parlaient plus d'espoir mais portaient la marque d'un amour vécu, quotidien, réel. Alchimiste, Noëlle avait changé la tristesse en amour. J'étais le chercheur d'or inespéré de mes rêves d'enfant. Comme à une source inépuisable d'inspiration poétique, je passais mon tamis dans cette rivière d'eau fraiche pour en recueillir les pépites. Deux cents chansons plus tard, et plus de quarante ans après ce Big Bang intime, j'éprouve le désir de refaire la route à pied et d'ouvrir la malle aux trésors, pour que la suite soit plus riche encore de cette pleine conscience. Mon encrier s'est rempli de mots glanés au long du chemin, les fleurs et les épines, sans distinction, et si la vie ne nous a pas épargnés, nos forces se relaient pour franchir les épreuves épaule contre épaule, nos six bras en remparts contre l'adversité. Je ne sais comment ni pourquoi, mais nous sommes toujours là aujourd'hui, une cohorte d'amis joyeux autour de la table du repas…

La famille, l'enthousiasme et la liberté sont devenus les piliers de notre temple intime. C'est un mélange subtil, qui vacille au vent des épreuves partagées, mais qui résiste aux tempêtes. On ne dira jamais assez la puissance de la délicatesse. Cette force dispersée en poussière, c'est l'huile des rouages complexes, le ciment des édifices les plus solides. Elle impose une forme de respect que seul le temps peut construire, et qu'aucune loi ne peut encadrer. Un modèle intérieur, comme une invisible armure, qui protège et renforce en rendant plus douce la vie trop dure. Noëlle est l'incarnation de ce souffle léger qui soulève un formidable élan d'amour face aux déferlantes de l'existence. Ses silences mystérieux bâtissent des réponses quand des cataclysmes nous atteignent au plus sensible ou au plus fragile. La pensée pour arme secrète, elle réfléchit le monde pour mieux l'affronter, et replie son cœur pour mieux continuer à l'ouvrir à l'essentiel. C'est cette trame d'amour permanente qui guide ses pas et m'ouvre la route. La famille en ligne de mire, elle rassemble autour d'elle les fêtes-plaisir et les célébrations, n'oublie jamais un anniversaire, et son regard embrasse tous ceux qu'elle aime, où qu'ils soient. Elle est le phare sur la jetée, le feu dans la cheminée, la douceur incarnée de l'immuable. Elle a dans son sillage autant d'enfants d'adoption qu'une comète sème de lumière sur son passage. Elle veille sur les destins comme un ciel qui jamais ne s'endort sans une pensée pour sa Terre. Toujours un projet d'avance, elle anticipe, prévoit, organise. Dans ses rêves, il y a toujours un printemps qui germe, un bourgeon qui s'ouvre, une promesse de joie pour demain. Mais que l'on touche à sa liberté, elle se cabre et la révolte gronde. Elle respecte tellement celle de tous, que la sienne, la nôtre, est sacrée. C'est un sanctuaire, un jardin secret que l'on n'ouvre qu'à l'amour, à l'amitié. Les orchidées qu'on y respire sont des trésors inestimables. Elle les cultive comme le cœur de la beauté du monde.

Guidé par son regard, j'apprends à voir. Je n'étais qu'un passant, elle a fait de moi un passeur. Son cœur embrasse le monde, zoome sur les êtres et s'ouvre en perpétuel mouvement de pensée active qui compose la suite, au-delà de l'horizon. Elle passe sa vie à craindre pour ceux qu'elle aime et à construire pour eux des refuges contre l'adversité. Bienveillante et vigilante jusque dans son sommeil, elle est armée d'amour jusqu'aux dents.

Elle *pense* les plaies et réfléchit la lumière. Son rêve est une réalité en marche. Je prends la route où elle pose ses pas. Sans elle le sol se déroberait comme un gouffre sans fond. Comme une bonne étoile, elle donne un sens à mon errance, met ma vie en perspective et mes mots en profondeur de chant.

LA SPIRITUALITÉ, NOTRE KIT DE SURVIE

Ainsi, la spiritualité n'est pas entrée en moi par effraction : j'ai compris qu'elle était déjà là, qu'elle attendait le moment opportun pour me proposer son bras, comme on aide le malvoyant à traverser la rue aux mille dangers… Attendrie par notre ignorance, elle nous offre un espace de certitude. Irrationnelle, elle parvient à s'imposer par son évidente simplicité. Une intime conviction, étayée par des signes, sans apprentissage, quand l'élève est prêt, le maître arrive. Sous la forme de rencontres, elle nous invite à une affinité intuitive avec des êtres dont la voix, le visage ou la lumière nous éclairent un instant la route. Un service de phares et balises qui s'allument au passage comme pour nous dire « c'est par là »… Aussi mystérieuse que la volonté qui s'exprime dans l'organisation invisible d'un corps humain en gestation, elle se construit selon une architecture parfaitement structurée, comme un cristal de neige prend la forme étoilée d'une figure géométrique qui restera pourtant unique au monde. Elle nous parle en silence, au-delà des mots, sixième sens de notre équilibre, et c'est notre écoute qui évolue, notre capacité à lire dans ses pensées la bienveillance et la pertinence de ses messages. Notre esprit fait les questions et les réponses, sa voix nous est familière. Elle se confond avec le dialogue intérieur de nos bavardages secrets, comme une idée surgit de nulle part. Le corps ne ment jamais, il est l'écho de cet ensemble qui nous aime et nous connaît comme s'il nous avait fait. Notre santé, notre bien-être répondent instantanément à ce baromètre infaillible à qui nous ne pouvons rien cacher. Il est nous et nous sommes lui. Mental, psychisme, ou subconscient, les facettes multiples de ses reflets insaisissables attisent nos esprits cartésiens et défient l'approche rationnelle. La spiritualité joue avec nos nerfs, mais elle attend tranquillement son heure, accoudée au balcon de notre existence, comme l'inconnue d'une équation qu'on ne calcule pas mais qui détient la clé de notre identité remarquable... Puis un jour, elle avance dans la lueur de notre désespoir, et nous dit en silence : « Bon, on y va ? » Les anges gardiens, le zodiaque ou l'au-delà nous aident à saisir le fil du mystère, mais une petite boussole de voyage dort toujours dans notre poche intérieure. C'est notre kit de survie...

Depuis l'enfance, il m'a toujours été difficile de faire le tri entre le langage du corps, les penchants du cœur, les exigences de l'esprit, les bleus à l'âme... Sans compter les mises à jour du logiciel de synchronisation... Il n'y a toujours pas cette appli dans nos Smartphones... Dommage. À l'ère du tout en toile, le cœur a ses réseaux que le réseau ignore... J'ai beaucoup lu sur la psychanalyse, les thérapies du lâcher prise, et je m'intéresse aux méthodes émergentes pour mieux vivre avec nos blessures, tourner les pages de nos traumatismes et apaiser nos angoisses. Même si j'ai été très mal dans mon cœur d'enfant fragile, dans ma peau d'ado puis dans mon âme d'adulte, je n'ai pu me résoudre à entamer une analyse. J'avais trop peur d'y perdre mon envie d'écrire, de tarir la source de cette soif de musique, que je craignais de découvrir liés à ces manques fondamentaux. Je préférais continuer de créer, plutôt que risquer le silence en trouvant la paix. En vérité, je cherchais aveuglément ma route en appelant de mes vœux une sérénité dont j'essayais d'afficher les signes extérieurs de sagesse pour donner le change. Je bricolais avec les moyens du bord. C'est à ce moment que notre route a croisé celle de Jean-Michel di Falco. Nos chemins ne se sont plus quittés depuis cette rencontre. Le titre de « Monseigneur » peut sembler désuet et suranné, il sied pourtant à la noblesse de cet esprit et à l'élévation de son âme. Il était alors le porte-parole de l'épiscopat français, et malgré le poids de sa mission, il a prêté l'oreille et le cœur à mes doutes, pendant des heures d'écoute bienveillante. Il émanait de lui comme une onde réconfortante. Inquiet de me sentir perturbé, il ne m'a pas lâché la main avant de sentir l'apaisement me gagner peu à peu. Quand sa charge l'appelait dans le monde, il m'adressait des pensées d'amitié depuis New York, Moscou, Rome ou Pékin, petits signes sans importance qui en avaient tant pour moi. Il est entré dans notre famille par la grande porte des cérémonies et des fêtes, à la table des repas heureux, et pour accompagner nos deuils comme nos joies. Nous avons partagé ses peines comme il a embrassé les nôtres. Il m'a appris le ciel sans jamais le nommer. C'est son humanité qui m'a porté vers le divin. La profondeur de sa foi transparaissait dans sa seule présence. En Corse, l'île de ses racines, son séjour chez nous coïncidait avec le 15 août, et il nous a demandé le matin : « Y a-t-il un endroit dans la maison où je pourrais dire la messe sans déranger personne ? » Nous avons préparé mon bureau comme on dresse un autel, il a revêtu ses habits liturgiques et nous avons partagé Noëlle et moi, seuls avec lui, cette célébration émouvante et inattendue. Mon espace de travail, improvisé en lieu de prière, est nimbé depuis de cette bénédiction lumineuse. Dans le cadre rigoureux où s'inscrit son rôle d'évêque, son ouverture d'esprit et son œcuménisme m'ont souvent impressionné. Il est de ces hommes d'église qui de l'intérieur, peuvent faire évoluer la parole religieuse vers davantage de tolérance. Dans des situations délicates, sur les lignes de crête où parfois la conscience peut osciller entre le dogme et l'humain, il choisit la voie du cœur, en communion avec le ciel et en paix avec lui-même. Dans la chanson « Hommages », j'ai écrit en pensant à lui :

« Celui qui sans jamais prononcer le mot Dieu
m'a fait croire en les hommes. »

Il a pris mon âme par la main, comme un ami et comme un frère, il est devenu pour moi le miroir fidèle de la foi.

LA NATURE INCONNUE D'UN ORDRE SUPÉRIEUR

Nous nous construisons ainsi à chaque rencontre, d'amour en amitié, de bonheurs en épreuves, d'expériences heureuses en espérances déçues, et la petite armée de ceux qui restent nos proches après avoir effleuré ou habité nos vies reflète la diversité et la richesse de la nature humaine, de nos semblables à nos contraires. Cette photo de groupe virtuelle révèle le surprenant parcours qui nous conduit à devenir ce que nous sommes. Des essentiels que nous pensions connaître nous ont trahis, des gens sans importance nous ont montré la route. À l'inverse des amis facebook, l'équipage s'amenuise au fil de l'aventure, et la famille de cœur se resserre. Après chaque tempête surmontée, on compte les survivants et on voit s'éloigner le radeau de survie de certains à qui on aurait volontiers confié les clés du navire. L'amertume se dilue à mesure que le calme revient. La peau cicatrise si on lui en laisse le temps. L'âme aussi, même si les plaies du cœur sont longues à refermer. Il est rassurant de se convaincre que tout cela a un sens, et que ce chemin que l'on défriche à coups de joies et de peines mène quelque part. Il ne saurait en être autrement. « L'idée que l'ordre et la précision de l'univers, dans ses aspects innombrables, seraient le résultat d'un hasard aveugle est aussi peu crédible que si, après l'explosion d'une imprimerie, tous les caractères retombaient par terre dans l'ordre du dictionnaire. » Ainsi s'exprimait Albert Einstein. Cette vision du monde est une porte d'entrée royale vers le reste du savoir. Elle éclaire le paysage de notre émerveillement d'une dimension nouvelle. Venant d'un scientifique, elle suggère la probable découverte d'un ordre supérieur, dont la nature nous est encore inconnue mais qui sous-tend la trame de ce voyage au long cours. Faute d'instruments de bord, naviguons aux étoiles. La poésie de la traversée n'en sera que plus belle. La question de la confiance ne se pose plus. Le ciel nous enveloppe de sa vérité incontournable, et nous n'avons d'autre choix que de jouer notre partie dans ce grand échiquier du Temps. En attendant de connaître ses lois, l'univers nous offre un espace de repos de l'âme : la spiritualité, notre liberté sur paroles.

C'est elle qui peut rendre supportable la litanie des souffrances qui font la une de notre quotidien, et semer les graines de sagesse qui manquent à nos rêves pour en cueillir les fruits. Les messages sont cryptés, et pendant que nous cheminons à pied, les secrets de l'âme voyagent en classe affaires, jalousement gardés derrière des mots-clés qui ouvrent le ciel comme aux cerfs-volants, retenus au sol par un fil serré dans la main du libérateur. Nos cœurs sont nés pour l'envol, nos esprits pour investir l'espace, notre intelligence pour comprendre, élargir, explorer et construire. Dieu dans tout ça doit être bien perplexe devant l'histoire des religions qui se réclament de lui en prières si différentes, bien loin parfois de la bienveillance supposée de ses mains ouvertes. Alors j'ai cherché au-delà des mots les sentiers de traverse, et je suis parti comme un pèlerin, sans autre bagage que ma curiosité, à la découverte silencieuse de ce mystère profond. Cette route de questions, de livres et de rencontres est un voyage passionnant. Du suaire de Turin au Chemin de Compostelle, il traverse la science et passe de la foi du charbonnier à la poésie incommensurable des étoiles.

Il intègre la physique quantique et la philosophie, nous interroge sur la bonté animale et la cruauté humaine. Il invoque le bonheur et puise des réponses dans des ailleurs lointains, en coupant le fil du cerf-volant pour vaincre la peur de ce vide vertigineux au-dessus de nos têtes. On a parfois le sentiment d'appartenir à cette immensité en regardant la nuit dans les yeux. C'est alors que chaque parcelle de lumière devient importante. Ce symbole de multitude innombrable nous ressemble, et nous embrasse dans un même regard. La nuit est indispensable pour voir le jour. Alors devant une telle évidence, on peut supposer que la peur soit essentielle pour gagner la quiétude, que l'épreuve soit source de maturité et que sur les voies de la sagesse, on rencontre un monde fou...

LA RÉALITÉ, UN MIRACLE PERMANENT

La magie des légendes a conféré à toutes les religions une dimension fascinante. Les prophètes et les messies marchent sur les eaux, guérissent les infirmes et rendent la vue aux aveugles, les anges apparaissent aux âmes pures, les messagers du ciel ressuscitent d'entre les morts ou se réincarnent. Mais s'il est difficile d'imaginer l'opération donnant vie à Eve en prélevant une côte à Adam comme une anticipation de la première greffe du cœur du professeur Barnard à Cape Town, il est plus difficile encore de nier l'extraordinaire réalité qui s'offre à nous comme un miracle permanent. Loin des super-héros de nos livres sacrés, la vie, tout simplement, est un secret d'une éblouissante beauté, dépassant de loin tout ce que notre imagination débordante aurait pu concevoir pour nous entrainer vers l'espoir d'un monde meilleur. À l'échelle de nos civilisations, notre course à l'évolution révèle l'absence de limites des pouvoirs de l'humanité. Elle invente peu à peu tous les outils qui lui font défaut, et dans le même temps, nos corps et nos esprits repoussent les frontières du possible par la pratique quotidienne de l'exploit, la recherche et le dépassement de soi. Si l'univers se mesure en milliards d'années, nous ne sommes que des nouveau-nés pour appréhender ce que nous pourrions devenir si les petits cochons ne nous mangent pas, pour peu que nous parvenions à ne pas nous auto-détruire avant cette lointaine échéance... Les fées, les elfes, les druides, les enchanteurs, les sorciers et les magiciens les plus puissants ne peuvent rivaliser avec le fruit de deux êtres amoureux donnant la vie à un nouvel humain par le mélange de leurs cellules les plus intimes. Et ce n'est que le début. La suite est encore plus fantastique. Nous guérissons de mille maladies chaque jour sans même nous en apercevoir. Notre corps répare ses blessures, nos esprits communiquent en silence par la pensée en se parlant au cœur, nos peaux se transmettent des messages tactiles d'une sensibilité troublante, et l'espérance, cette fonction invisible qui reste à explorer, contient à elle seule le potentiel de tous nos avenirs. Mettre tous ces atouts et bien d'autres dans notre jeu devrait nous permettre de franchir d'un bond l'éternité qui nous sépare encore de notre rêve, et de comprendre que l'inaccessible étoile est au creux de nos mains. La magie d'hier, le mystère d'aujourd'hui sont nos réalités de demain. Entre l'homme des cavernes et le voyage dans l'espace, il y a nous, étape intermédiaire d'une inconscience qui mesure encore sa puissance en mégatonnes de feu nucléaire, alors que le pouvoir est au bout de nos doigts, créateur, quotidien, plus magique encore que nos légendes les plus belles. Quand je descends dans le fond de mon âme, j'y vois danser ces préparatifs comme on mitonne un repas d'amis très chers. Et mon plus grand désir est d'essayer d'assembler des bribes de cette déroutante logique avec mon esprit cartésien, d'étancher ma soif de savoir, d'être un bout de ce chemin, un pas de plus vers nous-mêmes. Qui suis-je pour penser cela ? Une goutte d'eau dans l'océan, une poussière dans ce sablier, un atome dérisoire, mais unique et solidaire. Dans l'irrésistible poussée d'une vague qui portera plus loin la déferlante de ce chef-d'œuvre, j'aurai fait ma part.

CONTRE VENTS ET MARÉES

Mais pour avancer nous devons comprendre le sacré caractère de cette sphère bleutée qui nous a portés à la vie, et respecter aussi son caractère sacré… L'univers nous encercle, il est donc incontournable. La nature nous enveloppe de son éblouissante diversité, et l'instinct de survie nous impose de vivre en osmose avec elle, en symbiose avec un environnement puissant et fragile, en phase avec les saisons, les marées, comme le marin respire le vent pour s'en faire un allié plutôt que de s'obstiner sans fin à naviguer contre lui. L'homme est ingénieux, habile et futé. Il a franchi l'océan, traversé le désert et tutoyé les sommets, il a survécu aux pires cataclysmes, mais face à la force titanesque des éléments déchaînés, il a bien peu de chances de triompher. Il aura beau remplir des arènes et se donner l'air de terrasser un taureau en furie, on sait bien que sans le picador et les banderilles, il s'envolerait au premier coup de corne. La nature est bien plus puissante que nos muscles et nos cerveaux réunis. Quand elle jugera nos fumées trop toxiques, nos rejets trop polluants ou nos déchets trop méprisants, elle nous éternuera comme un rhume pour nous rejeter jusqu'aux confins du néant, et nous montrer de quel bois elle se chauffe, puis elle poursuivra son voyage sans nous, en se jurant de mieux choisir ses prochains compagnons de route… À moins que d'ici là, nous n'assistions à un éclair de clairvoyance écologique, à un réveil planétaire des consciences environnementales, et que soudain, les dirigeants se mettent à diriger le navire plutôt que de demander aux industries de financer leurs campagnes pour asphyxier les villes. La Terre est notre unique maison. Elle nous offre l'émerveillement, nous invite à la découverte d'un inconnu passionnant et d'un mystère délicat qui s'ouvre peu à peu. Cet équilibre instable et fragile est le fruit de millénaires d'une succession de paysans qui ont apprivoisé le sol, façonné la terre, enrichi l'humus et transformé des marais insalubres en campagnes vallonnées. La forêt d'aujourd'hui est l'œuvre de générations de forestiers experts et avisés. Même la pierre des villages, le dessin d'une rue ou l'architecture d'une maison peuvent être en harmonie avec l'avenir. L'homme est donc aussi le plus grand jardinier de la planète. C'est le regard nouveau qu'a porté René Dubos, le père spirituel de l'écologie moderne, sur celui qu'on a longtemps vu comme le plus grand prédateur de la nature. En prenant dans sa main une poignée de terre, il a compris qu'elle contenait à la fois les microbes, et quelque chose qui les empêchait de proliférer. Le poison et le remède, le bio et l'antibio, en équilibre naturel... Nous avons entre nos mains la lumière de cette évidence. Le monde est un équilibre. Des espèces vivantes et des minéraux, des arbres et des hommes, des chasseurs et des proies, mais aussi des maladies et des plantes qui guérissent, l'esprit et la matière, antagonistes et indissociables, comme la saveur douce-amère du miel de châtaignier... La voie du milieu des bouddhistes, le juste chemin. Il y a péril en la demeure, mais il est sans doute encore temps d'éviter que la maison ne soit engloutie sous une avalanche d'inconscience, qu'elle n'explose dans une éruption d'amnésie, ou qu'elle ne s'enfonce dans un gouffre d'ignorance... Face à la cupidité des fabricants de pesticides, les abeilles ne pèsent pas bien lourd. Mais si elles venaient à disparaître, toute la chaîne alimentaire tomberait comme un jeu de dominos. Et en fin de partie, les humains, y compris les actionnaires de ces multinationales, qui adorent le miel et la gelée royale...

L'urgence humaniste frappe à notre porte. Elle pleure le droit d'asile et sonne la larme. L'écologie a beau être partout, dans les mots, les lois, les discours, le vert est dans le fruit, le développement, toujours durable dans les textes, l'agriculture, toujours raisonnée, le bio, le bien, le bon sont dans tous les yaourts, à tous les rayons... Pourtant, un élan sincère pour la sauvegarde de la planète emplit le monde d'une rumeur grandissante, et des individus isolés, des associations, des groupements agissent partout et dans bien des domaines pour amplifier cette lame de fond qui s'inquiète, dénonce, expérimente, fédère les consciences, cultive la prudence, fait pousser des clameurs et germer l'espoir. Il manque encore un accélérateur de réussite, un catalyseur de résultats : le respect. Celui qui écoute, qui éclaire, qui informe, qui parle vrai, de l'humanité, de son avenir. Les abeilles font le buzz, mais les trésoriers font les comptes...

L'esprit de la raison souffle sur notre époque, mais le réchauffement climatique nous glace le sang.

DES SIGNES DE PISTE

À défaut de preuves, il nous faut au moins des signes. Notre conviction ne peut se satisfaire de la liturgie d'une tradition sans que, de temps en temps, l'Esprit Saint ne se manifeste pour nous guider au-delà des écritures vers la partie immergée de l'iceberg céleste, invérifiable vérité à laquelle il nous est recommandé de croire sur parole en la récitant comme un poème à l'école. La formule consacrée « je vous prie de croire… », perd son sens si le chœur n'y est plus… Les voix de Jeanne et la grotte de Bernadette sont à genoux à force de se faire prier. Je ne peux me résoudre à renoncer aux miracles, alors je cherche, et parfois, je trouve.

Alain Decaux raconte à la télévision l'histoire captivante du Saint Suaire. Exposé à Turin, il présente une impossible réalité : le négatif de la première photo du linceul révèle en positif le visage et le corps du Christ, comme un tirage sur papier sensible. Fasciné, j'explore alors tous les arguments scientifiques, mais partout, je bute sur une évidence : même à supposer qu'il s'agisse du travail génial d'un faussaire au Moyen Âge, il n'aurait pu anticiper les principes de la photographie plusieurs siècles avant son invention. Étayée par d'autres éléments concrets, son authenticité ne fait pour moi aucun doute. Si tel est le cas, la part de l'inexplicable devient l'essentiel. La vie de Jésus a laissé une trace perceptible de son passage. Cet homme avait quelque chose à nous dire, dont il était important que le sens franchisse les siècles pour nous parvenir. Le sceau du secret, ce serait cette pièce de tissu imprégnée de son sang, sur laquelle son image emblématique immortalisée par les œuvres des peintres est restée imprimée, bien avant Gutemberg, le Carbone 14 ou l'argentique, et nous réitère à travers les âges le message spirituel qu'il tentait de transmettre aux humains de l'époque, et pour lequel il a donné sa vie.

LE *CAMINO*, UN CHEMIN QUI PARLE

Bien souvent, j'ai rencontré le ciel en regardant la terre. Un champ d'étoiles se déroule sous mes pas, le vent balaye les feuilles de l'automne à Orthez. Le jour se lève sur le Chemin de Compostelle. Sac au dos, mon bâton bien serré dans ma main, je marche avec Jean, l'ami qui m'accompagne sur les premiers kilomètres pour me lancer vers Saint Jean Pied de Port, ma destination finale au terme d'une longue marche solitaire. Une expérience inoubliable. À cette époque de l'année, les pèlerins sont peu nombreux, ils croisent plutôt ma route en sens inverse. Brèves rencontres, sourires complices, clins d'œil des milliers d'inconnus qui ont foulé ce sol pour nous ouvrir la voie. Le *Camino* m'a pris par le cœur. Pourquoi suis-je là, troublé par cette présence invisible qui m'entoure d'une bienveillante quiétude, sans peur, livré à moi-même ? Une carte dans la poche et des doutes plein la tête, j'ai un rendez-vous improbable avec des réponses sans questions, sur un chemin qui parle en silence. Dans cette bulle de temps suspendu, j'avance pas à pas, l'âme ouverte à tous les vents. Quand l'idée vous effleure que le but c'est peut-être le chemin lui-même, chaque instant devient plus dense, chargé de symboles. Tout prend soudain sa place. Pas une feuille n'est là par hasard, cette liberté se conjugue avec celle des autres, et le destin rebat les cartes à chacun de nos pas. Mes pensées se bousculent et s'envolent par la fenêtre de mes sens assoiffés de couleurs, de parfums et de bruits, du souffle de la brise à la fraicheur de la pluie sur mes mains. L'effort est considérable, car il faut marcher jusqu'à l'épuisement. Résistance, volonté, conviction, une école se cache ou se révèle dans chaque kilomètre à franchir. Jamais je ne suis seul dans ce voyage intérieur où mes pieds meurtris semblent porter mon cœur pour offrir à ceux que j'aime cette immatérielle randonnée de mes pensées. Dans cette marche vers soi-même, au milieu de rien mais au cœur de tout, exposé à tous les dangers mais loin de toute crainte, un sentiment d'humilité m'envahit devant la conscience de l'univers. Au sol, ma silhouette s'allonge à mesure que le soleil se couche, je réalise qu'il n'y a pas d'ombre sans lumière. Notre part d'obscurité révèle aussi l'astre puissant qui nous éclaire. Comme Wendy pour Peter Pan, quelqu'un vient de recoudre mon talon d'Achille au fil de mes pas. Entre apaisement et consolation, ce chemin fait sourdre du fond de moi des mots sans grammaire, des instants d'évidence pure. Dans ce dialogue sans voix et à l'affut des signes de piste qui m'orientent, je trouve des repères où mon cœur se pose. Face à l'imposante beauté du paysage, tout le reste s'évapore. Le majestueux décor du Pays Basque semble immuable, comme une parenthèse au cours des siècles. La vie courante devient marchante. Chaque détail se grave dans ma mémoire sous le survol gracieux et cruel des aigles en quête de proies autour des sommets. Sur le Chemin de Compostelle, on foule une poussière d'étoiles. Au passage de ces milliers d'âmes en marche, chaque pèlerin en emporte un peu, collée à ses souliers.

JUSQU'AU BOUDDHISTE

La spiritualité trouve parfois des sentiers de traverse pour nous tendre la main. J'ai découvert le bouddhisme tibétain quand l'aventure municipale a croisé ma route d'artiste alors que rien ne me prédestinait à devenir élu local pour un quart de siècle.

Peu après notre élection en 1989 à la mairie de Précy-sur-Marne, notre Conseil Municipal était sollicité par le Comité de soutien au peuple tibétain pour parrainer un prisonnier d'opinion, Ganden Tashi, arrêté à Lhassa alors qu'il manifestait pour la liberté de son pays. Entre nos interventions multiples auprès des autorités chinoises, je dévorais *Le livre tibétain de la vie et de la mort* de Sogyal Rinpoché et les ouvrages du Dalaï Lama, pour me familiariser avec cette pensée différente, inscrite dans la logique implacable d'une science de l'esprit. L'approche orientale de la vie, le cycle des renaissances, les principes fondamentaux de l'interdépendance et de l'impermanence sont entrés dans mon existence, non comme une religion, mais comme un éveil constant aux réponses pertinentes qu'ils proposent sur des questions que notre culture préfère garder dans le registre de la foi du charbonnier. Cette vision altruiste qui reflète avec justesse l'extrême complexité de la condition humaine, est riche d'enseignements pour les occidentaux que nous sommes. Le Dalaï Lama, conscient de voir se dissoudre cet inestimable patrimoine spirituel, dispense généreusement son expérience comme le pollen de milliers de fleurs de sagesse. Nous avons assisté à l'une de ses conférences à Paris, éblouis Noëlle et moi par sa personnalité lumineuse et touchés par l'évidente simplicité de ses propos. La résistance pacifique de ce peuple martyrisé est bouleversante. La chaine invisible de ses soutiens se répand en secret partout dans le monde, plombée sous le sceau officiel des diplomaties prudentes. Ainsi, Ngawang Sangdrol, jeune égérie de la liberté confisquée du Tibet, répondra en chantant aux humiliations et aux tortures subies dans la pire des prisons chinoises du Tibet, et parviendra à faire sortir la cassette des « Chants de Drapchi », que j'ai préfacée, avant de composer « La tibétaine » en hommage à son combat. Elle sera libérée en 2002 sous la pression de l'opinion internationale, comme l'avait été auparavant Ganden Tashi en 1990, à l'issue de mouvements qui ont fait d'eux des symboles encombrants pour leurs geôliers. La graine qu'ils ont semée en moi a germé, je sais désormais que nul combat n'est perdu d'avance, et que l'espérance est un puissant moteur de nos rêves impossibles.

Le Bouddha n'est pas un Dieu, mais un humain perfectible qui cherche la sérénité comme un sourcier, sous la surface du visible. La mort, notre seule certitude absolue, est pour lui un cycle essentiel de la vie et non une fin. Ses principes ramènent au quotidien : il n'y a pas d'effet sans cause, nous sommes tous interdépendants, et le temps est insaisissable. Derrière cette apparente simplicité, se cache une analyse profonde de ces principes aux conséquences innombrables sur nos destins et sur nos choix. Méditation et éveil sont décrits dans leurs moindres détails, comme les chemins pour y parvenir. Une vie ne suffit pas à cet apprentissage et la réincarnation devient une bibliothèque vivante du savoir des générations successives. Une écriture de chair sur un océan de sagesse. La réincarnation : pas si simple à réfuter. Un médecin du Moyen Âge aurait-il proposé la transmission des chromosomes et le mélange des gènes pour expliquer la ressemblance d'un enfant avec ses parents, que le bûcher serait déjà dressé pour accueillir l'auteur d'une telle hérésie. Aujourd'hui, quand l'incarnation du désir donne vie à un embryon dans le ventre de sa mère, nul ne songe à s'étonner du miracle, on s'émerveille juste de l'arrivée du bébé. D'où vient l'architecture de ce patrimoine complexe ? De là à supposer que ce phénomène improbable pourrait avoir un reflet analogue dans l'immatériel, doit-on allumer un brasier pour y jeter l'éprouvette impie de ce blasphème ? Un peu de science nous rapproche beaucoup de Dieu, devant l'évidence d'une volonté cachée. La vocation, ce programme inné du musicien, de l'explorateur ou du pilote de chasse, sont écrits quelque part dans notre devenir secret. Notre ignorance nous conduit à suivre une intuition pour défricher l'inconnu. Ces ondes cryptées doivent bien se transmettre pour s'incarner en nous. Leur support biologique n'est pas très en vogue dans les laboratoires, et les financements de la recherche n'ont pas de ligne de budget au ministère de la santé. Voyage immobile ou transport en commun, la méditation ouvre un champ infini vers notre ciel intérieur pour apprivoiser nos tempêtes et nous laisser porter par ses brises légères. Comme la nature profonde de l'eau est d'être limpide, elle nous apprend à nous décanter, à laisser s'apaiser le tumulte en surface, se déposer l'inutile au fond et à retrouver le calme d'un lac tranquille. En y réfléchissant, le miroir renvoie la lumière qu'il reçoit, le prisme la décompose aux couleurs de notre regard. Dans cette logique, le mystère se dilue sans se déparer du merveilleux, on ne peut qu'admirer le lent travail de la réalité en marche, ni sagesse ni folie, ce qui est, simplement, et se défait en permanence pour se recomposer. Peu importe au pollen de savoir d'où il vient et où il va, il est un maillon de la chaine immense qui fait de sa richesse intérieure le but de sa vie. Les hommes naissent ego. L'humilité vient plus tard, lorsqu'on prend l'envergure de sa modestie. L'éternité est une course de relais. En temps terrestre, nous avons deux vies. La seconde commence quand on découvre qu'on n'en a qu'une. Le bouddhisme suggère de revenir en deuxième saison, pour un cycle de perfectionnement. Renaître jusqu'à la sagesse, en apprenti sage[1]... Séduisante hypothèse que celle des âmes recyclables... qui nous dit pourquoi on ne se souvient pas de ses vies antérieures ? On oublie bien la plupart de nos rêves de la nuit, qui se volatilisent au matin pour s'archiver ailleurs, dans la mémoire cachée de notre inconscient. Nos expériences malheureuses, les souffrances passées, les deuils qui ont frappé nos cœurs seraient trop lourds à porter pour ouvrir un nouveau chapitre du livre en courant vers la page suivante. En conserver l'essence tout en abandonnant ce fardeau en chemin serait si léger... Notre enthousiasme s'érode comme les rochers sous le ressac, notre conviction s'amenuise à chaque désillusion, nos élans se brisent au pied des montagnes qu'il nous reste à franchir et nos forces s'émoussent face à l'adversité. Pourtant, nos esprits s'aiguisent et notre conscience s'affûte au fil du temps, notre vue s'affaiblit tandis que notre regard s'élève, cette vision plus juste doit-elle s'évaporer au moment où elle se révèle ? La clairvoyance de l'âme est inversement proportionnelle à l'épaisseur de ses lunettes. Notre corps nous lâche quand notre savoir est au zénith. Conjuguer au présent les chances de nos

---

[1] « L'apprentissage » est le titre d'un ouvrage de Mia Dumont consacré aux pensées remarquables de Gilles Vigneault (2009, Éditions de l'Homme).

acquis et le potentiel du futur constituerait un sommet dont la nature nous a déjà livré des exemples surprenants dans la génétique et l'évolution. Darwin est toujours parmi nous... La transmission est au cœur de notre instinct, comme une vocation à se survivre. Écrire, créer, émouvoir, laisser sa trace d'étoile filante sur le ciel de l'humanité... Rester pour pouvoir partir, semer des moissons invisibles pour des printemps à venir... Quel superbe héritage que le nôtre, ces millions de générations qui dorment en nous comme le rêve unique d'une espèce tout entière.

Pour parvenir à ce niveau de conscience et prendre son envol, il faut s'inspirer du meilleur et se délester du pire. Cette logique évidente est pourtant la plus difficile à mettre en pratique pour développer nos ressources essentielles de bienveillance, d'altruisme ou de compassion, et échapper à nos propres poisons de colère, d'avidité ou d'ignorance. Cette quête du bonheur est une suite de petites victoires qui nous font grandir en humanité, une route de bon sens jalonnée d'images simples : *Rester en colère, c'est comme saisir un charbon ardent avec l'intention de le jeter sur quelqu'un, c'est vous qui vous brûlez.* Mais notre meilleur ennemi est là, dans le miroir, pour nous ouvrir les bras vers le désert de notre égoïsme et la poursuite de nos souffrances. Cette véritable philosophie du quotidien est un manuel de savoir vivre pour apprendre à mourir heureux. Mais comme il y a loin de la coupe aux lèvres, la pratique est essentielle pour passer de l'idée à l'action. Il n'est pas nécessaire d'être bouddhiste pour trouver un apaisement dans la méditation. S'asseoir est un geste simple vers l'épanouissement, et le séant est le premier siège de la pensée. Affranchi de la pesanteur du corps, l'esprit reçoit l'autorisation de décoller et peut prendre de la hauteur. Le fil du cerf-volant relié au sol nous fait gagner de l'altitude en résistant à la force du vent qui nous porte. Le voyage intérieur peut commencer. Aujourd'hui tout pense pour nous. La calculette nous désapprend à compter, notre téléphone s'est emparé de la mémoire de nos contacts, internet nous libère de la culture générale qu'il nous offre en un clic, et l'information permanente nous remâche le sens du discours que nous venons pourtant d'entendre. L'espace de liberté que constitue le silence nous fait peur. La musique comble ce vide jusque dans les ascenseurs, les aéroports, les gares et boutiques. Les écouteurs plantés dans les oreilles, nous absorbons du bruit pour recouvrir le flot de nos pensées d'un écran rassurant, les serveurs téléphoniques sont devenus un substitut anonyme de notre chaleur humaine. Je pense, donc je fuis. Réfléchir au milieu de ce tourbillon est un exercice de haute voltige quand tout est là pour nous distraire et nous étourdir. Les mêmes débats lancés pour tous au même moment par des idéologues et des politologues, agitent une société prise dans les remous d'un fleuve d'émotions fortes et d'images bouleversantes. L'esprit épinglé comme un papillon sur le mur de nos lamentations, spectateurs anesthésiés d'un monde en mutation permanente, on a parfois envie de descendre du TGV, de chercher des sentiers de traverse, de marcher pour ne plus courir dans la foule. Il est urgent de mettre sur pause, de rêver, de retrouver le fil de sa propre pensée pour apprendre à renaître à soi-même.

LA CHANSON DU SIÈCLE

De la non-violence du bouddhisme à la douceur militante, il n'y a qu'un pas, que j'avais déjà franchi sans le savoir en libérant dans mes chansons l'inspiration tendre et les sentiments profonds que mon enfance avait gardés dans l'ombre. En portant un idéal que les hommes ont en général la pudeur de cacher sous l'apparence virile du mâle dominant, j'ai brisé la cuirasse et laissé filtrer la lumière de cette fragilité comme un atout, une force intime. L'élection par le public de « Prendre un enfant » comme la *chanson du siècle* en 1988, est venue conforter ce choix d'écriture, en me classant du même coup, pour certains, parmi les naïfs épris de jolis mots et de bons sentiments.

Profondément troublé par ce retour de flamme de l'extraordinaire reconnaissance induite par ce sondage, j'étais malgré moi la voix de ce silence, l'ambassadeur de ces amours fous dont le sillage discret se referme sur la mer de la tranquillité, mais dont l'histoire resplendit dans l'intimité des albums de famille et les poèmes d'Aragon dédiés à Elsa. Convaincu que l'action concrète pouvait incarner cet idéal au quotidien, j'ai commencé à saisir des occasions d'agir que sans doute, j'aurais laissées auparavant au bord de la route.

Qui aurait pu dire à cet instant qu'un an plus tard, je deviendrais maire de Précy-sur-Marne, notre village d'adoption ? C'était le début d'une aventure humaine, d'une équation à quatre cents inconnus où nous avons livré avec l'élue de mon cœur, au sein de quatre équipes municipales successives, vingt-cinq ans de combats, de rêves à construire, de partage et d'humanité.

MES CHEMINS DE QUAT'MANDATS

Voilà un titre qui pourrait résumer à la fois le sacerdoce de ce dévouement et la durée inattendue de notre engagement profond au long de ce parcours. J'ai appris à écouter, à peser sur l'avenir en remaniant le présent par petites touches, comme un peintre impressionniste. Mais la toile est vivante, chaque coup de pinceau s'ancre dans le réel et se grave dans la pierre des maisons, dans l'histoire des familles. Les personnages du tableau vous regardent peindre le cadre de leur vie avec la palette du plan d'occupation des sols, le code des communes et la jurisprudence du tribunal administratif. Aucune complaisance n'est de mise dans cette expo sans vernissage, dont l'œuvre collective n'est jamais achevée. Dans ce registre d'état civil précis comme une horloge, la poésie est dans le regard, le rêve au cœur de l'humain. À travers des montagnes de dossiers, il est parfois difficile de distinguer l'horizon des projets sans perdre de vue l'objectif du mieux vivre en commun qui oriente nos pas au départ. Des noms se posent sur des visages, des rencontres dessinent les contours anonymes des rues, nous habitons Précy, et soudain, Précy nous habite. En perspective, c'est l'organisation de l'espace tout entier qui se révèle dans ce microcosme à l'image du pays. On comprend mieux ses rouages complexes quand on doit en gérer une infime parcelle de plusieurs centaines d'hectares avec une famille turbulente de quatre cents âmes. Ce passionnant défi citoyen jalonné d'embuscades et de pièges, jeu de société oscillant entre échecs et réussites, est un grand voyage en solidaire.

Le Conseil municipal, ferment de la démocratie locale, héritage combattant de la révolution française, a repris à la noblesse la maîtrise de l'administration, et à l'Église les rites ancestraux de l'état civil et du mariage, avant de s'emparer même parfois du baptême. Comment dès lors, ne pas faire le rapprochement entre la laïcité et l'élévation spirituelle que portent ces fonctions de transmission, d'union et de tradition ? La cérémonie et son officiant sont là pour témoigner du lien permanent entre les écritures et l'amour. L'échange des consentements entre les époux confère l'éternité à l'instant même où le « oui » est prononcé, le silence est religieux, l'union est sacrée, et bien souvent, la collation qui suit est divinement bonne... Les formules rituelles ressemblent comme deux gouttes d'eau bénite à une homélie, et les articles de la Loi sont directement inspirés du ciel. En croisade contre les particules de privilèges accrochées aux branches des arbres généalogiques, une inquisition institutionnelle a pris le pouvoir et les églises aux ecclésiastiques, composé un dogme et partagé les rôles. Le maire incarne une forme d'autorité morale et l'autel de ville, paré de robes blanches et d'habits du dimanche, est devenu un lieu de communion solennel. Marier des gens qui s'aiment est un moment d'une exceptionnelle beauté. Le maire, face aux futurs époux, est souvent le seul à voir monter la lumière sur leurs sourires, et les larmes dans leurs yeux au fur et à mesure de la cérémonie. Nous avons résolu avec l'équipe municipale de retourner la scène comme à l'église, et de placer les époux face au public. Ainsi les proches et les témoins peuvent désormais partager l'intensité de la déferlante d'émotion qui les submerge à l'instant où ils s'offrent l'un à l'autre le reste de leurs vies.

« Vous devriez devenir maire… » Ce fut la réponse du Sous-Préfet, à Meaux, puis ce fut celle de Jacques Chirac à la mairie de Paris quand nous étions allés chercher des conseils pour tenter d'éviter l'ouverture d'une carrière de sable et de graviers à l'entrée même de notre village si tranquille. Lorsque Paul Séramy, Président du Conseil Général et sénateur de Seine et Marne nous a lui aussi tenu ce même discours, nous nous sommes réfugiés avec Noëlle et notre ami Christian Dubois en sortant du Sénat, dans un café de la rue de Vaugirard, un peu sonnés par cette perspective inédite. Devant nos croque-monsieur qui refroidissaient, nous nous perdions en conjectures. Trois mois plus tard, à l'issue des municipales de 1989, nous étions devenus Califes à la place du Calife. La carrière n'a jamais ouvert. L'accueil des maires voisins a été plutôt rude : « Qu'est-ce que c'est que ces branquignols à Précy ? » Puis au fil de ces décennies de partage et de combats communs avec Dominique Flé, à Fresnes-sur-Marne, Henri Lenfant à Charmentray, et bien d'autres élus des villages alentour, nous sommes devenus amis, dans cette forme particulière de fraternité que crée l'urgence d'agir ensemble.

En 2014, nous avons résolu de transmettre le flambeau, car nous devions nous rapprocher de Paris et de notre famille. Nous avons quitté le village, heureux de lui avoir consacré vingt-cinq années de notre vie, ainsi qu'à ses habitants. La force de cet engagement, c'était notre absence d'ambition politique. À l'élection qui a suivi, notre adjointe, Nicole Thévenet, qui a constitué une équipe unie autour de l'héritage qu'elle souhaitait poursuivre, a été élue à 93%. Un score de république bananière, mais sans peau de banane…

ÉCRIRE, AGIR

En 1990, un an après notre élection à la mairie de Précy, éclatait à Porto-Vecchio l'incendie qui allait nous engager pour dix ans dans la défense contre les feux de forêts. Huit cents hectares de pins parasols multi centenaires sont partis en fumée en quelques heures à Palombaggia, en Corse du Sud, le paradis... Notre maison de Corse était menacée par les flammes, Noëlle est partie aussitôt pour Figari, j'étais de mon côté en concert et je la suivais en pensée, dans l'angoisse de ce qu'elle allait affronter sur place. La maison était épargnée, mais le paysage alentour était lunaire. Après ce désastre, nous voulions « faire quelque chose ». Mais par quoi commencer ? Avec quelques amis nous avons créé « APRES », l'Association Pour le Reboisement des Espaces Sinistrés. De campagnes de plantation en affiches de sensibilisation, notre action s'est développée dans l'espoir de contribuer à la nécessaire prise de conscience collective de la responsabilité de chacun dans la sauvegarde des arbres et la protection de la forêt. Raymond Devos nous a offert à Porto-Vecchio son spectacle pour financer la replantation de 20.000 arbres sur 18 hectares à Zonza. Un départ déterminant pour cette initiative qui a consisté à réunir à Lecci pour trois journées de réflexion, cinquante spécialistes chevronnés pour rédiger ensuite le « Livre blanc pour y voir plus vert dans la forêt ». Synthèse des centaines d'idées issues du terrain pour améliorer la synergie entre la prévention et la lutte contre les incendies catastrophes qui endeuillent chaque été les massifs forestiers, cette étude détaillée, quasi institutionnelle, est parvenue sur les bureaux de tous les responsables nationaux en charge du sujet, et notre Livre Blanc a contribué à l'élaboration dix ans plus tard, en 2001, de la Nouvelle Loi d'Orientation Forestière. Plusieurs de nos 75 propositions d'alors, validées à l'Assemblée puis au Sénat, ont été définitivement adoptées et figurent désormais dans la Loi. Ce travail en commun est le fruit du dévouement bénévole de l'ensemble des partenaires du terrain, français et étrangers, forestiers sapeurs, pilotes de canadairs et d'hélicos bombardiers d'eau, sécurité civile, pompiers et gendarmes, INRA, ONF, communes forestières, propriétaires privés, sous le regard bienveillant de la DDAF, de l'Entente Interdépartementale contre les incendies, des comités communaux feux de forêts, ceux dont les voix ne parviennent pas facilement jusqu'à à l'oreille des décideurs, étouffées par des hiérarchies lourdes et éparpillées au sein d'autorités de tutelle concurrentes de nombreux ministères, qui tous, détiennent une part de ce dossier brûlant. Il n'a jamais été fait mention, dans cette séquence forestière partagée, de l'orientation politique des nombreux parlementaires qui nous ont soutenus sans souci d'appartenance. Notre leitmotiv : « Ce ne sont pas les idées qui manquent, c'est l'idée de les rassembler toutes. »

Au moment de clôturer cette décennie de combat forestier par un ultime reboisement, un gigantesque tsunami a ravagé les rives de l'Océan indien, le 26 décembre 2004 et Lionel, le frère de Noëlle, installé au sud de l'Inde à Pondichéry, a vécu le cataclysme en direct avec les siens. Le lendemain, plus de la moitié des 70 ouvriers de son chantier naval ne sont pas revenus. Au téléphone, après cette tragédie, il nous a soufflé

« il faudrait faire quelque chose »… APRES est devenue « Assistance aux Populations et Réhabilitation des Espaces Sinistrés ». La chance a voulu que grâce à deux émissions de télévision importantes, nous parvenions alors à collecter suffisamment de dons pour pouvoir financer l'aide d'urgence à plus de quatre cents familles victimes de la catastrophe, puis la construction de centaines de bateaux pour les pêcheurs qui avaient perdu leur outil de subsistance. La seconde vague du tsunami fut une déferlante de solidarité. Un moment extraordinaire où l'humanité nous est apparue comme un seul peuple. Un océan de mobilisation et de compassion authentique a apporté une contribution massive à ces familles en deuil qui n'avaient plus rien. Mais la troisième vague du tsunami, en revanche, allait être économique. Les centaines de bateaux offerts par des associations se sont accumulés sur les plages, doublant la flotte initiale de pêche, comme à Pondichéry par exemple. Les parents survivants de la catastrophe mettaient leurs enfants sur les bateaux, le chemin de l'école leur était donc désormais coupé par la mer. Il nous a paru évident, pour les enfants les plus défavorisés de la région, que la promesse d'un avenir différent de la misère à laquelle ils étaient promis passerait par l'enseignement et la formation. L'idée d'une école avait germé. Nous l'avons construite en 2009, elle s'appelle « APRES SCHOOL », et elle accueille aujourd'hui près de Pondichéry quatre-vingts enfants des tribus d'Intouchables les plus défavorisées de l'Inde du Sud, les Narikuruvars. Les premiers élèves sont à présent entrés en secondaire, et aspirent à devenir ingénieurs, informaticiens, ou médecins… De fil en aiguille, la fibre associative a grandi chez nous comme une seconde nature. Entre « Petits Princes » qui réalise les rêves d'enfants malades, et « Vaincre la mucoviscidose » qui se bat contre cette affection aussi grave que méconnue, des centaines d'associations ont sollicité mon parrainage pour soutenir leurs actions bénévoles humanitaires, culturelles ou environnementales. Comment refuser devant une telle somme de détresses impossibles à ignorer, et face aux atteintes à la liberté, aux droits des hommes et au respect des enfants ? Les causes justes les moins visibles ont besoin de lumière pour prospérer. Les artistes auxquels le public a fait le cadeau de la notoriété ont le pouvoir de déplacer le champ des caméras et d'attirer le faisceau des projecteurs. Ils peuvent ainsi être les catalyseurs d'une action en phase avec leurs affinités parmi les nombreuses sollicitations qu'ils reçoivent.

J'ai réagi de même en 1995 quand Jacques Chirac, élu président de la République, m'a proposé une mission au Ministère de la Culture pour « dynamiser la chanson d'expression française ». Le défi était de taille, mais ne pas saisir cette opportunité d'agir sur un domaine que je connaissais de l'intérieur m'aurait interdit dès lors d'en déplorer les blocages. J'ai résolu de ne pas rester sur le quai, et j'ai embarqué dans cette nouvelle aventure. Pendant dix-huit mois, j'ai consulté l'ensemble des acteurs de la profession pour rapprocher les points de vue antagonistes des organismes de gestion collective, de production phonographique, d'édition musicale, de diffusion et de spectacle qui composent la nébuleuse foisonnante des industries musicales de notre pays. Favoriser l'émergence de la création artistique dans un monde où la prise de risque est souvent battue en brèche par la facilité de reproduire des schémas connus est un enjeu majeur. Auteur, compositeur, interprète et musicien, je connaissais la chanson. Noëlle cumulait déjà le rôle d'éditrice et de productrice musicale, et notre expérience commune d'élus nous donnait une vision plus vaste de la filière.

La chanson, art « mineur » peut-être, mais tendance mineur de fond, est le chat du sous-marin de la culture : en immersion, les équipages des submersibles embarquent toujours un félin. S'il montre des signes d'asphyxie, il donne le signal de la présence de CO_2 au sol comme l'alerte d'un danger vital pour tout l'équipage. Or la chanson respirait mal. Internet n'était encore qu'un embryon de réseau de communication interne pour les militaires et les universités, et la musique ne s'était pas encore prise dans sa toile à régner. Nous avions mené un peu plus tôt avec quelques amis auteurs un combat acharné pour obtenir au Parlement un amendement obligeant les radios à diffuser un minimum de 40% de chansons françaises sur leurs ondes. Après avoir passé nos journées au Sénat et nos nuits à l'Assemblée Nationale, il fallait transformer l'essai et trouver une cohésion à ce patchwork d'intérêts divergents occupés chacun à défendre son pré carré. Au long de cette phase intense de déminage et de diplomatie, chaque fois que notre profession a réussi à se rassembler pour parler d'une seule voix face aux pouvoirs publics, nous avons obtenu gain de cause. Fort de quelques belles victoires, j'ai très peu communiqué sur cette mission et sur ses résultats. À choisir, je préférais privilégier un savoir-faire plutôt que de faire savoir. Comme d'innombrables rapports commandés par des autorités successives ont fini dans les tiroirs d'acajou de ministères surchargés, je préférais agir plutôt qu'écrire. J'ai découvert les mécanismes du pouvoir, le fonctionnement complexe de la démocratie et les méandres de la politique. Il reste de cette action déterminée un maillage de « résidences chanson » sur les scènes nationales, un financement pérenne du Hall de la chanson que dirige Serge Hureau à la Villette, la création de la notion de « prix anormalement bas » pour sauver les derniers disquaires spécialisés, une TVA réduite pour les petits lieux de concerts, condition de la survie de ces pépinières de nouveaux talents en régions. Et la conscience rétablie que la chanson est un art, une part importante de notre culture, et une industrie créative essentielle à la richesse économique du pays.

La dissolution de l'Assemblée nationale a mis fin à cette mission qui engloutissait le plus clair de mon temps dans mon cartable, sous une montagne de papier qui reste une de mes grandes fiertés anonymes.

L'ÉNERGIE DU DÉSESPOIR

En 1999, une épreuve nous attendait quand la maladie a fait son entrée fracassante au seuil de notre histoire intime. Le jeune radiologue était formel, le kyste de Noëlle était bénin. L'endocrinologue, une sommité en la matière, confirma le diagnostic, pas d'inquiétude, on se reverrait dans trois mois. J'étais tranquille. Nous sommes allés à la maternité, car au même moment, notre fille mettait au monde un merveilleux petit Toussaint. Au milieu de ce bonheur immense, elle a pourtant senti le malaise : « Maman, tu me caches quelque chose... » Trois mois plus tard, le nouveau radiologue, plus expérimenté, a soudain blêmi. « Ce que je vois sur l'écran ne correspond pas à ce que je lis sur le compte rendu. » Nous sommes sortis hagards, silencieux. Le ciel venait de nous tomber sur la tête. C'était un cancer « agressif ». Où aller ? Qui consulter ? Le souvenir de l'Institut Curie nous a conduits là où nous avions proposé, quelque temps plus tôt, de chanter pour les enfants. Accueillis par cette équipe remarquable, nous avons été aussitôt pris en charge et orientés. Consulté en urgence, le chirurgien a programmé l'opération pour le lundi suivant. La vie avait basculé pour nous tous. Le dimanche, je devais chanter à Seillans au profit de la restauration de l'église du village. Ce voyage dans le Sud tombait mal. Je ne pourrais être de retour que lundi en prenant le premier avion du matin. À la fin du concert, le prêtre m'a offert une bénédiction de Jean-Paul II qu'il avait rapporté de Rome pour Noëlle et moi. Un signe. Le lendemain, jamais un vol ne m'a semblé aussi long. J'étais à l'hôpital pour la fin de l'intervention. Nous partagions l'angoisse de cette attente avec Martine et le papa de Noëlle. Le silence était lourd. L'opération s'est bien passée, et Krishna, le chirurgien, nous a expliqué avec douceur et bienveillance le parcours à venir. Chimio intensive, radiothérapie, greffe de moelle en chambre stérile. Ce serait dur mais nécessaire... Effondrés, nous retenions nos larmes pour ne pas pleurer autour de Noëlle qui comme toujours, assumait avec courage et dissimulait sa peur sous ce léger sourire qui nous enveloppait de confiance. La nuit, je rêvais d'être médecin pour soulager sa douleur, et comme je me sentais impuissant à la guérir de ce mal, je priais Marie, je lui demandais de me donner la force de ce combat. Elle ne m'a plus quitté. En priant, j'ai compris que je croyais. Dans cette immense détresse, le ciel venait de s'entrouvrir. Je n'étais plus seul dans ma tête...

La prière est un dialogue. Elle fait appel à la force qui soulève les montagnes et fait de l'espoir à genoux une espérance qui se lève. Elle nous délivre de notre impossibilité d'agir et libère cette part de magie qui fait de nous des enchanteurs. Son mystère relève de notre intime conviction, c'est un coup d'aile vers l'infini pour changer d'altitude. Nos pensées remontent vers la source, comme un saumon dans un torrent, à contre-courant de l'adversité. C'est un acte de résistance. Au moment où tout semble perdu, quand le sol se dérobe sous nos pas, on prie le ciel, pour s'affranchir de la pesanteur, s'extraire du malheur et changer le cours de l'inacceptable. Ces parcelles de refus, comme une poussière de vie, se dispersent mais ne se perdent pas. Elles sont la trace d'une volonté farouche, une infime lueur sur l'obscurité. Parfois je me laisse porter par cette vague de confiance. On ne peut rien, sauf lâcher prise et faire partie de l'immensité. Ce silence n'est jamais vide. C'est le bruit de fond de notre âme, une présence intangible et souveraine. Un puits de courage sur le chemin de l'insurmontable.

Il y a toujours un chemin. Long, sinueux, chaotique ou semé d'embûches. Au fond de l'impasse, quand un mur se dresse devant nous, notre intuition cherche la moindre aspérité pour se hisser sur la paroi lisse. Le refus du doute paralysant et la certitude que la suite est entre nos mains sont une force puissante. L'énergie du désespoir est le souffle des âmes blessées. Comme l'eau trouve une fissure dans la roche dure qui l'emprisonne, notre liberté se fraie un passage vers la sortie. J'ai vu ce regard dans les yeux de Noëlle, quand elle se réfugie dans la bulle de son espérance profonde pour se rassembler et faire face. Je ne sais où elle puise ce sursaut, mais elle émerge soudain des abysses et disperse le malheur au vent de son sourire. Elle a toujours une spiritualité d'avance. Je cueille ses paroles de sagesse comme la moisson apaisante d'une vie douloureuse. Il me semble qu'avec elle, même au bord du pire, on n'est jamais à l'abri du meilleur. Je n'aurai pas assez d'une existence pour faire le tour de son amour, pour tenter en chansons d'en approcher la richesse. Je comprends dans son cœur que la foi est d'essence humaine. Que cet atome de pouvoir sur l'infini est un gouvernail, et qu'il donne un sens à notre présence. Un cap de bonne espérance.

Nous avons émergé de cette épreuve, plus soudés encore qu'auparavant, confortés dans le sentiment d'urgence que vivre est un bien précieux, et que le pire, ce serait de ne pas vieillir... Noëlle s'endort dans mes bras, ma force intime.

Aujourd'hui, quand nous croisons Krishna, son chirurgien, il prend dans ses mains celles de Noëlle en lui disant : « Vous voir comme ça, maintenant, tant d'années après, c'est un tel bonheur pour nous, médecins, un tel encouragement... »

FRAGILES

De retour d'une tournée au Japon, je devais rejoindre la maison familiale en Corse. Entre les deux avions, une amie me conduisait à Orly, quand un camion s'est brusquement arrêté devant nous au milieu d'un échangeur, la voiture s'est encastrée sous l'arrière de la benne. Pour une raison inconnue, les airbags n'ont pas fonctionné. Notre amie au volant souffrait d'une fracture du sternum, la ceinture m'a brisé une côte, et ce choc frontal m'a fracturé une vertèbre. C'était en juillet 2010. Nous avons dû annuler la plupart des concerts prévus. J'essayais de faire bonne figure, mais les mois qui ont suivi ont été difficiles. Aujourd'hui, sept ans plus tard, les séquelles sont toujours handicapantes. Mais selon les médecins qui m'ont pris en charge, j'ai eu beaucoup de chance. Ce type de traumatismes engendre souvent une vie en fauteuil, et la collision aurait pu m'être fatale. Ce coup du sort est écrit dans mon corps. Je me bats depuis contre cette courbure nouvelle de ma colonne vertébrale, soudée désormais ainsi, et je travaille chaque jour à retrouver une posture et un équilibre perdus. Pas question de céder à cette blessure. Un homme voûté peut paraître un homme vaincu. Noëlle m'aide à reprendre mon souffle, et à redresser ce dos replié sur ma poitrine.

Deux ans plus tard, et comme si les aéroports étaient pour moi synonymes de risque majeur, c'est à Roissy qu'une syncope m'a soudain terrassé. Noëlle marchait devant moi, et à

quelques mètres du hall, j'ai juste eu le temps de l'appeler –
« *Mon amour...* » – avant de perdre connaissance. Elle m'a
vu tomber en arrière de tout mon long sans rien pouvoir faire
pour me retenir, et heurter violemment de la tête le béton du
seuil de l'entrée. Du sang s'étalait sur la neige. Après une éternité de quelques minutes, j'ai rouvert les yeux. C'était le jour
du grand gel, pendant l'hiver 2012. Sur cette patinoire, il a
fallu plus de vingt minutes aux pompiers de l'aéroport pour
parvenir jusqu'à nous. Arrivés à l'hôpital de Meaux, selon les
médecins remarquables aux soins intensifs, trop de complica-
tions consécutives au traumatisme du choc sur la tête s'ajou-
taient au diagnostic cardiaque. Il fallait une équipe collégiale
de spécialistes pour prendre toutes ces pathologies en charge
et définir l'ordre des priorités médicales. En attendant, dans
l'urgence de ces décisions essentielles, Noëlle a dû assumer les
annulations professionnelles en chaîne. Michel Drucker, avec
qui je devais participer quelques jours plus tard à « Vivement
dimanche », a été dans le secret. Il a été l'un des acteurs de la
véritable conspiration d'amis qui nous ont tous, sans le savoir,
aiguillés vers le même service de chirurgie cardiaque, celui de
l'Hôpital Georges Pompidou à Paris, où l'équipe du professeur
Jean-Noël Fabiani nous a accueillis, réconfortés et accompa-
gnés au long de ce parcours du cœur battant. À son arrivée, il
nous a souri : « Bonjour... Je vous attendais... On m'a mis la
pression... »

En attendant l'opération, je restais en grand danger car cette
syncope pouvait se reproduire à tout moment comme à l'aéroport : une malformation congénitale de la valve aortique avait
fini par la rétrécir dangereusement. Quand le cœur ne parvient
plus à envoyer assez de sang pour oxygéner le cerveau, brusquement, « plus de son, plus d'image ». C'est la syncope. Une

autre chance semble-t-il, puisqu'il est fréquent de ne pas se réveiller quand la valve se resserre à ce point. Le temps de traiter toutes les pathologies annexes liées à la chute, et pour ne pas risquer une affection nosocomiale en milieu hospitalier, il était préférable de loger hors de l'Hôpital, mais tout près de celui-ci au cas où un problème surviendrait à nouveau. Notre ami Maurice nous a prêté son studio à Boulogne, nous y avons vécu Noëlle et moi comme deux étudiants pendant toute la durée de cette attente… Au matin de l'opération, allongé sur le chariot dans l'antichambre du bloc, calme et confiant, j'ai souri au professeur Fabiani, en lui chantant sur l'air de « La valse à mille temps » : « *Au premier temps de la valve…* » avant de plonger dans le sommeil de l'anesthésie…

Même si aujourd'hui j'ai relégué aux oubliettes la douleur et l'angoisse de ce chapitre pour n'en garder que le simple fait d'être vivant, j'ai traversé tous les états d'âme, de la peur de mourir à la joie d'exister, du bilan de ma vie au désir d'arriver jusqu'au bout de mon rêve… Le lien ténu du téléphone portable, dans ces moments de solitude, nous transforme soudain en funambules des nuits sans fin où un mot peut vous rattacher à demain, pourvu que la main qui tient le fil du cerf-volant ne s'ouvre pas… À la dernière visite de contrôle, quand Jean-Noël Fabiani m'a annoncé « *vous êtes guéri…* » je lui ai répondu que c'était lui désormais qui connaissait le mieux le fond de mon cœur.

De cette période douloureuse, ma Noëlle a longtemps gardé le souvenir de mon silence quand elle tentait de me réveiller, la peur de ce départ sans adieu. Il nous reste aujourd'hui l'urgence d'aimer, l'envie de rester créatifs, la passion de vivre, et toujours intact, le désir commun de rêver utile. Longtemps encore, j'ai eu comme Noëlle dans sa propre expérience, l'impression que mon corps m'avait lâché, et que plus jamais je ne pourrais avoir en lui cette confiance qui me permettait d'avancer sans même y réfléchir. J'ai résolu de répondre à cette inquiétude par le respect que je dois à ce cœur qui bat dans ma poitrine. Il est le métronome, le diapason de ma vie. Mais le vent qui me porte n'est plus le même. Je ne suis plus une feuille d'automne, mais plutôt un pollen de printemps. Notre rôle, c'est peut-être d'écouter notre cœur. Et surtout de l'entendre. Sa voix silencieuse, difficile à percevoir dans le tumulte du quotidien, n'a pas de nom, ni de son. Elle est en nous. Son mystère n'a pas de notice. Il fait partie des évidences qui nous échappent jusqu'au moment où elles nous éclairent. Comme l'ombre révèle une source de lumière, on doit parfois à l'obscurité d'entrevoir le bout du tunnel, et de trouver la sortie. Au fond du désespoir, quand tout semble perdu, cette petite lueur d'espérance peut détourner un fleuve, soulever des montagnes, puiser dans l'instinct de survie l'intuition de la route à suivre, s'infiltrer dans la moindre faille, trouver du bout des doigts l'invisible relief de la paroi lisse… Écouter son cœur n'oblige pas à lui obéir. Mais il se trompe rarement. Le mien s'est frayé un sentier dans les veines de ma guitare, pour me conduire à travers mots et merveilles vers des milliers d'inconnus. À présent, entre lui et moi, c'est à la vie à la mort. Là où l'esprit hésite, le cœur trace sa route. Quand je pose mes mains sur le clavier du piano, c'est lui qui rompt le silence et me donne le La. Alors, je compose, j'écris en pleine conscience la mélodie de ma vie.

CREUSER LE CIEL

Depuis peu, une paix nouvelle s'est installée en moi. J'en mesure les effets sans pouvoir en définir la nature, elle infuse le quotidien, comme si le bonheur de la recherche avait supplanté l'angoisse de l'inconnu. L'esprit pèlerin, je pose une question devant l'autre. Et souvent la réponse est déjà sous mes pas. Au point final des douze chansons nouvelles de l'album que je viens d'achever d'écrire, je m'interroge sur la place de l'artiste, et je sens cette paix comme une réponse, un carburant, une source d'énergie. Dans la période incertaine que tous, nous traversons, comment rassembler les innombrables parcelles de sagesses éparpillées ? Face à la folie du monde, chacun réagit au sentiment d'impuissance qui nous gagne, entre la peur de se trouver au mauvais moment au mauvais endroit et l'affirmation bravache d'une volonté de résistance. La beauté nous apaise. L'émotion renforce notre sentiment d'humanité. Notre aptitude à rêver est un refus de la résignation. Devant mon piano, en posant mes doigts sur ma guitare ou face à ma feuille blanche, je n'ai pas de pierre à sculpter ni de terre à pétrir, pas de gouache sur ma palette, mais des idées qui se bousculent. Comme le marin en quête d'étoiles, je creuse encore le ciel pour y chercher de l'or. J'y vois un amoncellement de regards visionnaires, de rêves accomplis, d'impossibles chemins défrichés, de mystères éclaircis par les générations passées. Des esprits en marche ont bravé le doute, contourné les obstacles, suivi une intuition, repoussé les limites et ajouté une pierre au chemin. À chaque vie plus loin, l'horizon s'enrichit d'une nouvelle trace de lumière. La beauté est partout, encore faut-il la pointer du doigt pour que chacun la voie, et ne puisse plus l'ignorer. Elle témoigne depuis la nuit des temps de la volonté humaine d'allumer la lumière pour surmonter les épreuves, d'élever la chair par l'esprit, de transmettre le meilleur de nous pour ouvrir des sentiers différents. Je me suis découvert artiste, et depuis l'adolescence, j'y puise une consolation devant l'adversité, un antidote à la mélancolie, un remède au désespoir… Je ne suis paisible que dans l'idée d'agir contre ce qui me révolte, sans renverser la table, mais en posant des jalons de douceur sur la douleur du quotidien. Autant nous subissons le malheur quand il nous frappe, autant le bonheur est rarement le fruit du hasard. Écrire, dessiner, danser, composer, chanter, sont des réflexes de survie, portés par l'émotion et le partage, quand l'armure se fend et que les cœurs s'entrouvrent. C'est devenu mon métier, la chance inouïe de rencontrer une vocation là où on ne voyait qu'une passion, un plaisir, un cadeau de l'hérédité. Ce privilège crée aussi une exigence, celle de transformer un don en savoir-faire. C'est bien connu, sans le travail, le talent n'est rien qu'une sale manie…

LA LANGUE DE CHEZ NOUS

Georges Brassens recopiait des textes de l'antiquité, les glissait entre les pages d'un livre, et tentait plus tard de les versifier. Lorsqu'il a quitté ce monde, Püpchen, (celle dont il a eu « l'honneur de ne pas demander la main ») m'a confié deux cadeaux en souvenir. Un stylo du Bon Maître, et l'un de ces petits textes écrit de sa main, et « oublié » entre les pages d'un livre :

> *Ne soyez pas inquiets sur mon sort mes amis, la mort ne saurait être un mal pour moi. Si c'est un sommeil, c'est un bonheur, si c'est un lieu où l'on rencontre les héros du temps passé, quel plaisir ce sera de converser avec eux. Voici venu le moment de nous séparer, vous pour vivre et moi pour mourir, qui de nous a le meilleur partage, nul ne le sait, excepté Dieu.*

J'ai découvert depuis qu'il s'agissait d'une citation de Socrate, rapportée par Platon[2].

Brassens travaillait très tôt le matin. Pour ma part, lorsque la maison s'endormait, la nuit noire m'ouvrait sa page blanche, comme un silence en liberté sur paroles. J'ai voulu, dans son sillage, tester l'écriture matinale et bien m'en a pris. J'ai découvert combien l'esprit de création peut être foisonnant au réveil, et m'offrait cette même quiétude, dans un espace plus concentré. Deux heures d'inspiration pure m'emportaient aussi loin qu'une nuit entière à lutter contre le sommeil. Assister au lever du jour, penché sur l'écritoire, m'est désormais si

---

[2] PLATON, *Apologie de Socrate.*

familier que j'ouvre les yeux juste avant l'aurore, pour un rendez-vous quasi quotidien où rien n'est jamais écrit d'avance. La peur de la page vierge s'est diluée dans le geste de l'artisan, comme un écrivain public qui doit rendre son travail à l'heure dite et ne s'attarde plus sur la crainte de l'échec. Le vide redoutable qui nous nargue sous la plume levée est devenu un sentier de liberté, un atelier ouvert, une piste d'envol… Les mots me portent à chanter, mais leur mélodie intime ne s'ouvre que si la confiance s'est installée entre nous. Je me méfie du savoir-faire en écriture, c'est un faux-ami qui rassure, au détriment parfois de l'émotion plus profonde de la réalité. Le beau mot n'existe pas. C'est sa justesse qui portera l'image, en évitant le piège de l'apparence. Une jolie phrase peut sonner juste, mais jouer faux. Fort de cette vigilance, j'écris plus à la gomme qu'au crayon. Et Noëlle se charge de placer la barre très haut. Je connais ses silences aussi bien que ses sourires. Je lui dois, entre autres, le quatrain essentiel de « La langue de chez nous ». Je croyais l'avoir achevée quand elle m'a glissé : « il manque peut-être encore une image pour évoquer davantage le Québec… », j'ai replongé dans le texte pour y ajouter :

...Nous dire que là-bas, dans ce pays de neige,
Elle a fait face aux vents qui soufflent de partout
Pour imposer ses mots jusque dans les collèges
Et qu'on y parle encore la langue de chez nous.

Au bout de ce dernier vers, il y avait le titre de la chanson…

Le miroir de son exigence est une complicité absolue entre nous. La force de sa bienveillance me porte à rêver plus haut, à chanter plus beau. Le temps ne gardera que le meilleur, et par intuition, elle privilégie la densité pour m'aider à dépasser ce qui n'est souvent qu'une première étape dans la mystérieuse alchimie de l'écriture.

LA FORCE INDOMPTABLE DE L'IMMATÉRIEL

À quoi rime la poésie ? Depuis toujours, j'écris, sans savoir pourquoi j'en éprouve tant de bonheur, un sentiment d'urgence parfois, et l'impression confuse d'un partage utile, dénué de prétention, mais chargé de sens. L'art s'appelle aussi la création. « L'œuvre » désigne aussi le travail d'une vie. Les mots ont une portée symbolique, on se reconnaît dans leur lignée, on se bat pour leur culture, comme un héritage spirituel, la mémoire de l'essentiel, l'empreinte de nos pas dans le ciel. Le cœur n'oublie rien. Il garde le pire et le meilleur, il bat pour aimer, et se bat pour qu'on l'aime. Depuis la nuit des temps, comme un élixir d'éternelle jeunesse, une cohorte d'artistes nous a livré leurs plus belles moissons, un fleuve de talents multiples, insaisissables, ardents et passionnés. La poésie est dans le regard, dans le geste, dans les sentiments qui nous portent à chanter, à rire, à nous émouvoir. Parmi les déferlantes d'humeur ou de pensées que dispersent les réseaux sociaux, dans tous ces mots qui tourbillonnent en Wifi, en Bluetooth ou en 4G, par mail ou par SMS, il y a nos petits signes d'amour, les messages que l'on garde dans nos téléphones, sources inépuisables de rêve et d'inspiration. Notre époque geek invente mille nouveaux moyens de partager l'émotion même au bout du monde. Nous avons pris l'habitude d'être connectés, et sous le flot des données qui nous submergent, nous risquons peut-être de perdre de l'altitude, de penser en rase-mottes, de sauter à l'élastique en pensant qu'on s'envole... Nous confions peu à peu notre mémoire à des machines qui nous supplantent. La calculette compte beaucoup pour nous, Internet appelle notre culture générale d'un simple clic. Surinformés, nous lisons moins, nous consommons plus, nous sommes devenus un vivier de bons clients dont on surveille les appétits, les désirs, les goûts, à travers des algorithmes d'une efficacité à couper le souffle. Pourtant en miroir, on voit aussi se développer la pratique de la méditation, comme une spiritualité laïque, le besoin d'écouter à nouveau la voix du silence. Loin des dogmes et des ornements, sans cérémonie, on cherche à s'appartenir sans s'aliéner à une croyance, pour redécouvrir en soi la dimension de l'univers et laisser libre cours à l'esprit qui nous porte. Notre intimité spirituelle a la fragilité d'un jardin de verre, mais elle possède aussi la force indomptable de l'immatériel. Sa capacité de résistance peut se révéler invincible. C'est notre liberté secrète, l'espace inviolable de pensée silencieuse qui fait de chacun de nous un être unique. Ce lieu virtuel échappe à toute définition. Les tibétains affirment que la nature profonde de l'esprit est claire comme l'eau[3]. La méditation vise à décanter cette eau pour lui rendre sa limpidité naturelle. Mais comme l'immobilité du chat, cette apparente quiétude nous prédispose à l'action. Elle n'est pas l'expression d'une vulnérabilité, elle est la force du samouraï, la technique du faible pour terrasser le géant. Nous sommes armés pour la douceur.

---

[3] RINPOCHÉ, S., *Le livre tibétain de la vie et de la mort,* Paris, Gallimard, 2003.

L'ODYSSÉE DE L'ESPÈCE

Nous sommes probablement aujourd'hui à un tournant de l'humanité. L'homme dans l'univers est une poussière dans l'océan. Mais il parvient à structurer sa planète, à explorer les étoiles, à pétrir la matière à l'image de son rêve par la seule force de son esprit pour construire le monde à la démesure de son imaginaire. L'histoire est jalonnée de génies solitaires dont la vie aura changé celle de millions d'autres, par une simple découverte, une idée révolutionnaire. Loin de « l'homme augmenté » issu d'un mélange de biologie, de nanotechnologie, de biotechnologie, d'informatique et de sciences cognitives que nous prédit le transhumanisme comme étant l'avenir de l'humanité, bien des génies d'hier étaient des « hommes diminués », parfois des blessés de la vie poussés à se surpasser. Louis Braille était aveugle, Beethoven était sourd, Stephen Hawking est lourdement handicapé.

Notre époque est tumultueuse et imprévisible. Ses bienfaits sont immenses, fondateurs d'un futur qui s'écrit déjà sous nos yeux. Face à ce chaos apparent, nous sommes souvent un grain de sable ou une goutte d'eau, mais dans le registre de l'invisible un virus peut se révéler redoutable, et la puissance de l'atome se mesure en mégatonnes… Notre faiblesse est donc toute relative.

L'avenir n'est pas encore écrit. C'est un espace de création qui se recompose sans cesse comme la forme des nuages, au gré du vent, selon la lumière, l'altitude ou la saison. Nos choix, notre volonté ou le hasard se conjuguent autour de nos rêves pour écrire l'histoire au jour le jour, et dans ce contexte mouvant, rien n'est hors de portée. Entre science et patience, nous sommes le fruit d'un mystère qui nous échappe encore, la main tendue vers la clé de l'énigme que nous saisirons peut-être un jour... pour nous apercevoir sans doute que les découvertes scientifiques d'aujourd'hui ne sont encore que les prémices d'une immensité qui peut en cacher mille autres. Nous sommes un petit pas dans l'éternité. Mais quand même, attention à la marche...

La médecine qui nous soigne, comme la recherche médicale, s'entourent de milliers de précautions éthiques destinées à éviter que le remède ne soit pire que le mal. La bio-cybernétique, elle, prend pour postulat que sa technologie apportera à nos corps une dimension surhumaine sans effets secondaires ni dégâts collatéraux. On prétend même que l'homme immortel est déjà né. Pourtant aucun de nos systèmes n'est adapté à une donne de cette sorte, ni la sécurité sociale, ni les retraites...

LA MACHINE NOUS CHIFFRE,
MAIS NE NOUS CALCULE PAS

Le bénéfice de la science est une évidence. L'intelligence artificielle, sa rapidité et son aptitude à l'apprentissage nous sont aujourd'hui indispensables. Mais notre lente évolution naturelle ne pourra bientôt plus rivaliser avec celle, exponentielle, des technologies de pointe que nous développons. Si nous n'y prenions garde, l'idée que l'intelligence artificielle puisse dépasser l'intelligence humaine n'est pas loin. Les milliards de dollars investis par des sociétés privées outre-Atlantique ont relégué leurs motivations philanthropiques de partage des connaissances humaines derrière l'espoir d'un retour massif sur investissement. L'ordinateur, s'il calcule de plus en plus vite, et s'il accumule les connaissances au-delà de ce que l'esprit humain peut appréhender, ne cultive ni la sagesse ni l'espérance. Sa bienveillance s'arrêtera là où se posera la question de sa propre survie. Notre pouvoir de le déconnecter pourrait faire de nous son principal ennemi. Le contrôle que nous lui conférons pourrait lui permettre de nous détruire. Au confluent de ces fleuves de savoir qui se rejoignent, au désir légitime de rétablir une justice biologique en redonnant sa chance à notre corps de survivre aux maladies, et à notre cerveau de développer des fonctionnalités nouvelles, il manque une dimension éthique de prudence. Même si nous pouvons réparer, renforcer, prolonger la vie, stocker nos consciences et nos esprits sur des clés USB, nous devrons anticiper le pouvoir de l'intelligence artificielle avant qu'il ne nous dépasse. Pour ma part, j'aimerais vivre l'époque où, assisté de technologies d'exception, l'homme pourra remplir des missions extrêmes que sa seule condition biologique ne peut lui permettre aujourd'hui d'atteindre, voler seul, voir la nuit comme en plein jour, endosser un exosquelette qui décuplerait ses performances physiques, s'affranchir de la pesanteur sur la Terre... Mais faute d'un supplément d'âme qui m'impressionnerait vraiment, peu me chaut de savoir qu'un ordinateur ultraperformant a battu un champion d'échecs ou de jeu de Go. Je préfèrerais de beaucoup que notre intelligence biologique nous rende aptes à mieux intégrer l'humanisme aux décisions essentielles qui engagent notre avenir, à associer davantage l'humain dans les processus de défense, d'économie, de justice. L'évolution de nos capacités cognitives nous conduira demain vers des savoirs sans limites. Mais la régression de notre aptitude à comprendre l'autre est préoccupante. La puissance de la volonté, les mystères de l'effet placebo, le pouvoir de l'esprit sur la matière ou l'ultra résistance des explorateurs de l'extrême laissent entrevoir une humanité en perpétuel dépassement d'elle-même. Mais si on hypothéquait sa propre évolution biologique par des processus technologiques non-héréditaires, son système naturel de progrès ne risquerait-il pas de s'éteindre faute de nécessité ? Les systèmes, les lois et les institutions ont un tempo d'escargot, à l'inverse de la technologie, dont les progrès sont exponentiels. C'est pour cette raison que cette dernière a besoin d'un cadre éthique, pour éviter à l'humanité les pièges du clonage, les chausse-trappes du commerce d'organes humains, les expériences dangereuses d'une science sans conscience.

L'odyssée de l'espèce pourrait devenir la préhistoire d'une ère qui nous supplante par sa mécanique inexorable et inhumaine, qui pourrait faire de nous une espèce menacée par un système dominant issu de nos propres neurones... Les prémices de ce risque ont déjà des raisons de nous inquiéter. Nous sommes sous le regard d'un Big Brother dont la bienveillance n'est pas la qualité première. La surveillance connectée qui s'exerce sur chacun de nous mériterait une extrême vigilance au niveau planétaire, qui est loin d'être le cas aujourd'hui. Des lanceurs d'alerte qui ont pris le risque de dénoncer de telles dérives se retrouvent souvent devant les juges ou derrière les barreaux. Secret défense.

Doit-on en déduire qu'il n'existe pas un droit de révolte ?

Notre conscience, forte de millions d'autres, n'en est pas moins individuelle. Et c'est dans la convergence des esprits qu'il faut sans doute chercher la force de réagir, de réfuter ce qui n'est pas dans notre éthique. J'ai choisi d'être résistant. Le libre arbitre que nous portons dans nos gènes nous porte à réfléchir, à juger, à décider, à refuser. La démocratie tente de porter ses valeurs aux plans national et international. Des institutions d'arbitrage ou de justice se sont créées pour les faire respecter ou pour les sanctionner. Pourtant nous sommes si loin du compte... Les systèmes de gouvernance, les principes de représentativité, le suffrage universel se sont-ils montrés capables d'entraver les dérives du pouvoir ? Force est de constater que trop souvent l'humanisme s'éloigne de la gestion humaine et que la collectivité se détourne de l'individu. Nous sommes des statistiques, des flux, des moyennes, des tendances. La machine nous chiffre, mais ne nous calcule pas. Un organisme froid nous évalue, et un système mercantile nous séduit pour mieux tirer profit de nos désirs. Nous avons construit sur le modèle de notre idéal, l'exact contraire de ce à quoi nous aspirons. Beaucoup de ce qui devrait en principe nous libérer nous asservit. La traçabilité de nos connexions fait de nous des sujets de convoitise, nous sommes ciblés, non pour notre mieux-être, encore moins pour nous rapprocher du bonheur. Le principal crédit qu'on nous accorde est celui de notre carte, l'intérêt qu'on nous porte est celui de nos emprunts, un œil sur notre bulletin de vote, l'autre sur notre fiche de salaire. Environnés de codes, d'identifiants, de mots de passe et de clés d'accès, cette hyper-sûreté destinée à nous protéger de toute intrusion, risque à tout moment de nous enfermer dehors, faute de disposer au moment voulu des numéros magiques qui nous ouvrent notre univers personnel. Nous vivons dans la confidentialité illusoire des réseaux sociaux. Des pirates aux aguets sont en embuscade, rien de ces technologies ne leur a échappé... Les milliards de comptes abritant nos pensées, nos amours et nos données personnelles sont stockés dans le Cloud, ce nuage immatériel constitué en réalité de milliers de serveurs informatiques abrités dans d'immenses data-centers qui brassent en permanence ces informations précieuses, pour savoir ce que nous aimons, ce que nous achetons, quels sont nos goûts musicaux, nos choix culturels, qui sont nos amis, et qui, sur la base de mots-clés qui nous qualifient, nous rangent et nous modélisent. Vu sous cet angle, le progrès semble soudain moins désintéressé, plus tourné vers une réussite dont nous ne sommes pas le but mais seulement le vecteur. On peut imaginer, partant de ce constat, ce que des esprits malveillants pourraient faire... ou font peut-être déjà, de ces parcelles de pouvoirs rassemblées en de mauvaises mains. À l'échelle planétaire, Internet n'a ni frontières, ni lois internationalement reconnues. Il transporte à la vitesse de la lumière les secrets qu'il glane dans nos vies, au hasard de nos imprudences, de nos ignorances ou de nos espérances. Si loin des âmes et des cœurs, on a plutôt l'impression d'une colonne de fourmis qui élèverait une armée de pucerons sur la tige d'une rose, pour moissonner leur suc sous la fausse protection des épines… Il y a dans cette surenchère de « dématérialisation » une super-cherie manifeste : en informatique, il y a des pièges à souris. Ça ressemble au bonheur, ça en a le parfum et l'aspect, mais sitôt qu'on l'acquiert, c'est lui qui vous possède. Les plantes carnivores ne font pas mieux dans la jungle. Et les araignées ont inventé la toile…

Faut-il pour autant désespérer de la nature humaine ? Je ne crois pas. Ce nouveau pas de l'humanité pourrait aussi être porteur d'un immense espoir. Une société nouvelle pourrait émerger de l'évolution simultanée de notre sensibilité, de l'em-pathie naturelle et de l'intuition du cerveau humain, en sym-biose avec cette dynamique cyber-puissante, qui respecterait la dimension philosophique de notre esprit. Ce sera sans doute le défi du troisième millénaire : un monde hyper-humaniste qui développerait le meilleur de nous, et garderait l'individu au centre de l'évolution, connecté à sa conscience collective. Un supplément d'âme.

Entre altitude et profondeur, nous avons vocation à com-prendre l'univers. Entre l'espace vertigineux qui nous en-veloppe et le secret de la conscience qui nous anime, il y a cette seconde unique, douloureuse, riche et foisonnante, qui peut tout changer. Cet instant-là nous appartient. Il nos revient aussi de le protéger, de le défendre. La violence ambiante, le risque environnemental et le tumulte international n'inclinent pas à la sérénité. Ils révèlent pourtant le manque flagrant de cette dimension philosophique, l'impérieuse nécessité d'une vision éclairée. Dans ce creuset tourmenté où se forge notre avenir, sommes-nous clairvoyants ? La spiritualité ne résout pas cette énigme, mais elle pose les bases non négociables de notre éthique personnelle.

Bienvenue dans ce frémissement sans nom et sans visage, dont le sens fait appel à une dimension différente qui nous éclaire, qui nous réchauffe et nous rassemble. C'est le domaine de l'intuition, où l'esprit parle au cœur, loin des dogmes et des écritures, dans l'héritage universel dont nous sommes les passeurs, une lettre d'un alphabet dispersé dans une encyclopédie en gestation...

Le rêve pulvérise nos limites et nous projette vers l'inconnu. Il dessine une route là où il n'y a rien, et révèle l'individu au sein de la multitude. Issu d'un chaos titanesque de roches en fusion, d'étoiles géantes et de vides glacés, l'homme descend du songe.

LA BIENVEILLANCE, UNE URGENCE ABSOLUE

L'humain est la machine la plus sophistiquée que la nature ait engendrée. Fruit de milliers de siècles d'adaptations, capable de se penser et de se reproduire, d'inventer des langages et de comprendre son passé, ouvert à l'espérance et à la résilience, il développe des ressources inépuisables d'intelligence et d'imagination. Esquimau, Touareg, Masaï ou indien d'Amazonie, il a domestiqué des espèces sauvages, dompté des environnements torrides ou glacés, apprivoisé des milieux hostiles et dangereux, il a réussi à survivre à bien des cataclysmes. Subtile alliance de muscles et de cerveau, de force et de douceur, de résistance et de délicatesse, il sait aussi faire de sa vie un enfer. Sa puissance et sa conviction font de lui l'être le plus délicieux ou le plus détestable que la Terre ait porté. Cette génétique ouverte qui a peuplé la Terre de dinosaures, d'huîtres et de papillons a traduit cette même diversité dans l'éventail humain. Quel chromosome magique pourrait mettre tout ce tumulte en harmonie ? Quel élément fondateur de l'humanité pourra constituer la brique essentielle pour que les mots « ensemble », « conscience » ou « partage », soient davantage qu'une aspiration ?

Comme si la poésie de l'enfance ne pouvait survivre aux dures réalités du monde adulte... Et pourtant, cet impératif est bien le nôtre. On peut assumer le combat, montrer les dents et sortir les griffes pour anéantir l'adversité d'où qu'elle vienne, sans perdre de vue l'indispensable bienveillance qui nous guide... C'est une question d'éthique, cette règle d'or qui trace les lignes de force et forge notre intime conviction. Elle ne se confine pas en comités, elle est disséminée un peu partout, médicale, scientifique ou politique, elle s'immisce dans l'information, l'image, l'enseignement, la philosophie, la culture et la création, nous parle à voix basse et remonte jusqu'aux plus hautes instances... La bienveillance est la loi du plus faible, la défense du plus vulnérable. C'est l'éloge de la fragilité et l'école du respect. Nous sommes sous la sauvegarde les uns des autres. Les bouddhistes appellent cela l'interdépendance. La charité chrétienne y puise ses principes de protection et si aujourd'hui les valeurs ont plus de crédit au coffre que dans les cœurs, si la morale prête le flanc à la caricature, on aurait tort de jeter le bébé avec l'eau du bénitier. Cette dimension de sagesse nous fait cruellement défaut. C'est elle qui donne sa légitimité à notre pouvoir sur les êtres : une personne qui vous aime, c'est quelqu'un qui vous a à sa merci, mais qui n'en profite pas. Cette maxime vaut pour tous les domaines de l'autorité. Le pouvoir d'aimer ou de nuire est un espace choisi, une liberté intime qui pose les jalons de notre conscience, et nous situe quelque part entre l'ego et l'égal sur l'échelle de Richter de l'altruisme, cette onde capable d'amortir les séismes du quotidien. Si on trouve parfois dans nos mémoires des instants empreints d'une paix profonde, où tout semble à sa place, où rien ne semble pouvoir perturber la bulle d'un bonheur parfait, et qui restent à jamais gravés dans nos cœurs comme une grâce, le souvenir de ces instants nous ouvre le champ des possibles comme une lueur d'espérance au bout d'un tunnel quand le désarroi nous accable. Sans qu'aucune notion de morale ne vienne teinter ces moments de l'ombre d'un jugement ou de la moindre trace de religion, leur qualité dévoile un pilier de notre nature profonde. La douceur est un organe vital qui permet à l'âme de respirer la paix. Dès la naissance, nous n'aspirons qu'à ce nectar. Nous sommes les abeilles de ce miel. Toute vulnérabilité appelle une protection. Sans l'instinct maternel, la vie n'aurait aucune chance d'échapper aux dangers qui la guettent. Nos âmes sont fragiles et sont le rempart les unes des autres. Au fil des générations, dans cette course de relais, nous sommes tour à tour murs d'enceinte, boucliers, éclaireurs. Lorsque le lion dévore la gazelle, ou quand l'aigle royal, majestueux et cruel, fond sur sa proie sans état d'âme, la nature ne connaît ni regret ni remords. Comme le souffle du vent pousse la voile d'un bateau, la bienveillance inspire l'humanité. Là où règne l'indifférence dans la mécanique de l'univers, l'homme installe la douceur de vivre.

L'HUMAIN EST UN POLLINISATEUR D'IDÉES

Notre époque n'échappe pas à ce contraste saisissant. Au quotidien, la tentation de la violence nous effleure dix fois par jour. Si nous parvenons à dominer ces pulsions, c'est qu'un antidote puissant peut nous élever au-dessus de ce nuage de fureur, conduire les peuples qui se haïssent vers la négociation, ouvrir des chemins de paix entre les communautés qui se détestent, instaurer le débat entre les idées qui se combattent. Si l'humanité pouvait mettre la guerre sur pause, elle pourrait passer au chapitre suivant de son histoire…

Les tentatives ne manquent pas pourtant pour parvenir à éradiquer ce fléau qui tue au nom de la vie, qui emprisonne au nom de la liberté, qui propage la folie au nom de la raison. Un peu de sagesse pourrait faire de ce monde un Éden, pour panser les plaies ouvertes par des siècles d'affrontements stériles et de vies dévastées. Pour bâtir la paix autrement que sur des ruines, des hommes de bien consacrent leur vie à ouvrir des voies, à proposer des pistes pour tenter de rendre impossibles désormais des dérives de destruction comme celles que les siècles passés ont connus. Même si la route est longue, jamais les dirigeants du monde ne se sont autant concertés, jamais l'apaisement n'a autant été la préoccupation essentielle de notre civilisation. D'indifférence en égoïsmes, les dossiers se sont entassés dans l'antichambre des pouvoirs, et la tâche est immense. Le mal a horreur du vide et s'installe là où on le laisse s'épanouir. Les peuples fuient la barbarie, les réfugiés affluent aux frontières qui se ferment à leur détresse, l'argent corrompt l'or des âmes, des fleuves de richesses déversent des montagnes de pauvreté et d'injustice. Mais l'espérance et l'attente sont telles qu'il est impensable de baisser les bras. La bienveillance est désormais une urgence absolue. Face aux inquiétantes dérives que connaît le monde aujourd'hui, sa force se transmet par des sentiers discrets, à travers les consciences, dans le secret des cœurs, par une conspiration invisible de résistants. Rempart dérisoire ou lame de fond, on sent se lever une vague de sagesse, une onde de paix qui gagne les esprits, distille le respect comme l'eau trouve son chemin, par capillarité. Et si notre ultime protection n'était plus une cuirasse, un mur d'enceinte ou une force de frappe, mais l'évolution des mentalités, la conscience de l'autre ? Cette vision se propage de passerelles en sentiers de traverse. Elle ressemble à notre diversité, trouve la mélodie commune à nos langages différents, offre un espace de partage à nos singularités, comprend que l'harmonie ne se compose que de notes distinctes, et que l'uniforme nous dissout plus qu'il ne nous rassemble. Face à la folie meurtrière qui nous accable, seule la force armée peut faire échec à la barbarie, mais pour ceux qui comme nous, n'ont que leurs mains nues pour lutter, il existe aussi des chemins de combat, une réponse au sentiment d'impuissance qui nous gagne, qui nous perd... La spiritualité, combien de divisions ? Aucune, et pourtant des millions. Devant l'incendie qui embrase le monde, le colibri de Pierre Rabhi jette inlassablement ses gouttes d'eau sur la savane en flammes[4]. Chacun fait sa part, et tant qu'il en sera ainsi, l'avenir se nourrira d'espérance.

---

[4] Un jour, dit la légende, il y eut un immense incendie de forêt. Tous les animaux terrifiés, atterrés, observaient impuissants le désastre. Seul le petit colibri s'activait, allant chercher quelques gouttes avec son bec pour les jeter sur le feu. Après un moment, le tatou, agacé par cette agitation dérisoire, lui dit : « Colibri ! Tu n'es pas fou ? Ce n'est pas avec ces gouttes d'eau que tu vas éteindre le feu ! » Et le colibri lui répondit : « Je le sais, mais je fais ma part » (Pierre Rabhi).

Modestes, discrets, des hommes et des femmes ont changé le monde. Ni maîtres à penser, ni guides suprêmes, ils ont apporté des briques décisives à l'édifice. Au XVème siècle, Johannes Gensfleisch, simple graveur sur bois, plus connu sous le nom de Gutenberg, invente des caractères mobiles en plomb, réutilisables, représentant les lettres de l'alphabet en relief. En les alignant avec précision, il compose page à page en 1455 la première Bible imprimée à quelques dizaines d'exemplaires. Dès lors, un savoir confiné jusque-là dans les monastères, recopié un à un dans les ateliers d'écriture pour quelques privilégiés, étudiants et érudits, va se répandre sur toute l'Europe grâce à la typographie, et donner naissance à l'imprimerie.

Qui se souvient du Dr Ignace Semmelweis ? En découvrant en 1847 l'importance de l'hygiène des mains en salle d'opération, cet humble chirurgien aura sauvé à lui seul plus de vies que tous les médecins avant lui. Ce génie n'est le fruit d'aucun dogme, son évidence s'impose, comme un pommier fait des pommes. Le printemps n'apprend pas à fleurir. Dans ce lent et patient travail, chacun sait ce qu'il doit faire. La sève monte, le bourgeon éclate, la fleur s'ouvre, le papillon s'empare du pollen et le dépose ailleurs, le fruit se gorge de soleil. L'humain est un pollinisateur d'idées, sa moisson est infinie.

L'humanité semble en grand péril. Si le ciel nous protège, n'aurait-il pas parfois la tête ailleurs ? Ici, un ouragan d'injustice s'emballe, là des massacres s'organisent et comme par le passé, des peuples entiers fuient l'horreur pour tenter de survivre ailleurs. Suffit-il de prier pour cultiver l'espoir ? Où sont passés les principes universels issus de la volonté des nations, unies après la guerre pour que jamais plus la folie ne l'emporte sur la raison ? Si la paix, la tolérance et la liberté cèdent du terrain, où puiser l'espérance aujourd'hui ?

Dans l'humain, depuis toujours.

Qui est en mesure de siffler la fin de la partie quand on détruit une ville et sa population piégée par les combats ?

Parfois, j'aimerais pouvoir m'incarner dans le futur, pour découvrir notre civilisation à l'âge adulte... Sera-t-elle devenue plus humaine, ou au contraire, plus indifférente ? Notre sauvegarde passe probablement par l'évolution des mentalités, et par le respect de notre diversité, berceau de notre richesse. Parler d'amour, est-ce une utopie ? Pas le moins du monde. Le moine français Matthieu Ricard a modélisé l'altruisme comme une nécessité. C'est l'intelligence du cœur, la maturité des âmes et l'intérêt supérieur de l'humanité. Nous ne cessons de chercher ce que nous refusons de voir.

L'argent a investi nos rapports jusqu'à la nausée. L'insolente richesse de quelques-uns laisse derrière elle des déserts de dénuement et de pauvreté. Il n'est pas besoin d'aller très loin pour voir des familles demander l'aumône d'un regard à des passants pressés, nos trottoirs sont le miroir de notre impuissance face à la progression de cette immense détresse. Cette main tendue nous ramène à l'humiliation de la misère, cette cape d'invisibilité qui dissout les âmes perdues dans la multitude.

Respect, dignité, intégrité, conscience, écoute, bienveillance ou altruisme sont des notions portées avant tout par les individus. Dans les systèmes, elles se dissolvent. La politique, l'économie ne portent pas de regard sur les personnes, mais sur les nations, les catégories, les groupes. C'est donc plutôt vers nous-mêmes qu'il nous faut chercher les clés d'une nouvelle humanité. Comme l'a dit Gandhi : « Soyez le changement que vous voulez voir dans le monde. » Notre époque est pétrie de générosité, semée d'actions microcosmiques, de gestes gratuits et indispensables. Des milliers d'associations, de fondations, d'organisations non gouvernementales et d'initiatives locales sont à l'œuvre, comme autant de fourmilières de bienveillance, de ruches bourdonnantes de dignité, de paix et de désintéressement. Religieuses ou laïques, hors des circuits commerciaux, loin des conflits d'influence, elles regardent l'humain dans les yeux, n'ont aucun problème à toucher les peaux, à prendre les mains et à sécher les larmes. Sont-elles le signe avant-coureur d'une humanité en marche ? Elles constituent l'avant-garde d'une armée de volontaires, et incarnent l'espoir des plus désespérés. Bien sûr, ces actions ont besoin de l'argent pour se déployer. Mais il n'est pas le but ultime de leur dévouement, et c'est là toute leur noblesse. Même quand il n'y a plus rien, la volonté subsiste, et les actions se poursuivent, envers et contre tout. Un geste a-t-il besoin d'une raison d'être, ou lui suffit-il parfois d'être sa propre raison ? Nous sommes au confluent de ces deux mondes. Celui qui passe son chemin, et celui qui s'arrête, écoute, répare, console. On ne dira jamais assez la puissance d'un regard, le poids d'un simple mot. Notre ciel est constellé de « mercis », qui brillent au-dessus de nos têtes. Pour les gestes délicats, offerts ou reçus, l'instant passé à réconforter, à aider, à accompagner. Catherine Enjolet, fondatrice de « Parrains par'mille[5] », résume ce sentiment en quelques mots : « Ceux qui ne savent pas donner ne savent pas ce qu'ils perdent[6]. » Cet humanisme silencieux et discret filtre comme la lumière au travers des yeux. Je l'ai rencontré, souvent. « Le bien ne fait pas de bruit, le bruit ne fait pas de bien. » Ces « gens sans importance » passent sous le faisceau

---

[5] « Parrains par'mille » : parrainez un enfant du bout de la rue.
[6] Catherine Enjolet, *Les liens du sens*, Ramsay, 2003.

des radars. Indétectables, indispensables, ils sont le ferment qui permet à de nouvelles moissons de renaître. Ils ont un jour pensé, à travers une épreuve, une révolte, une image ou une rencontre, qu'ils pouvaient peut-être « faire quelque chose ». Et ce quelque chose a transcendé leur vie, jusqu'à devenir parfois une vocation, une révélation. Ce « presque rien » a changé leur existence. Ils posent un peu d'amour en contrepoint de la dureté du monde, et sont des millions à le faire sur la Terre. Tous ont en commun cette lumière sur le visage, ce sourire qui irradie de générosité, tous décrivent leur aventure humaine comme une renaissance, une passion, un simple partage de ce qu'ils ont reçu. Ils ont croisé le malheur dans leur vie, et tous ont compris la valeur de chaque instant de bonheur. Ils tissent la trame de l'invisible, creusent là où se tarissent les ruisseaux, jettent des ponts sur les fleuves infranchissables, portent secours aux victimes des catastrophes. Si un passant s'arrête pour chercher des yeux ce qu'ils regardent, il ne peut plus ne pas le voir. C'est une étincelle de conscience qui s'allume. Le reste dépend de nous. Comment nous parlons-nous quand nous nous adressons… à nous-même ? On se tutoie, on se donne un petit nom ? Ce dialogue intérieur est parfois déroutant, et nous interpelle, toujours. Il dure rarement car on parvient à l'étouffer sous le tumulte ambiant. Il est dérangeant, car il pose toujours la question qui fâche. Aujourd'hui nous avons mille occasions de nous écarter du silence pour ne plus l'entendre : consulter nos mails sur le smartphone, planter des écouteurs dans nos oreilles, écouter les infos dans la voiture, nous envelopper de musique dans les boutiques, les gares, les aéroports… Le seuil critique de sa petite voix murmure bien en deçà du perceptible. Notre petite boussole intérieure perd le Nord.

UNE MINUTE DE SILENCE

La résonance particulière d'une église nous invite ainsi à nous taire, à écouter la beauté d'un vitrail, à entendre la douceur bienveillante des statues, et à prier sans bruit. Il existe une infinité de mots pour décrire les variations les plus diverses du son et les nuances subtiles de la lumière, de l'obscurité à la pénombre en passant par l'aurore ou le crépuscule, du contre-jour à l'éblouissante clarté d'un regard, et du cri de l'oiseau au ressac de la mer sur les rochers. Mais il n'y a qu'un seul mot pour décrire l'absence de bruit. Le silence, qui porte en lui tous les murmures imperceptibles, le chuchotement des voix qui s'aiment et les soupirs de la musique, la solitude et l'angoisse d'une insoutenable attente, le mutisme de ceux dont on espère une parole, la nouvelle qui ne vient pas, l'espoir du retour d'un être cher. Dans les innombrables minutes que l'on observe pour rendre hommage aux disparus de toutes les guerres, on entend toujours l'écho de la peur, le désespoir, tout le chagrin du monde, et le vacarme assourdissant que fait le bonheur quand il s'en va.

Jamais seuls avec nous-mêmes, nous avons peur du silence, ce témoin gênant de nos regrets, de nos tristesses. Le silence est lourd, troublant, délicieux, chargé de mystère, de questions ou de non-dits, il est voluptueux, patient comme un chasseur, et nous donne le vertige. Jamais vide, cet effluve des âmes sait tout de nous mais nous ne l'entendons pas, sous le fracas de la ville et le tumulte du quotidien... Pourtant, autant la solitude nous isole et nous coupe du présent, autant le cœur se dilate quand on respire le silence, qui nous relie à tout l'univers. Accepter de l'ouvrir, c'est faire un pas dans l'inconnu, poser le pied sur un nuage, à l'orée de nulle part. Nous explorons rarement le silence qui est en nous. C'est pourtant un chemin précieux, une voie royale, une piste d'envol. C'est l'écrin de la création, le berceau de nos intuitions, le seuil de l'inspiration. Nous y avons rendez-vous avec nous-mêmes. Quand on le laisse en liberté sur paroles, le silence est un compagnon passionnant, drôle et inattendu. On ne sait jamais à quoi s'attendre avec lui. C'est lui qui a suggéré à Einstein : « Tiens, et si E égalait mc2 ? » Einstein a vérifié, et c'était vrai. Il a dit à Copernic que c'était peut-être la Terre qui tournait autour du Soleil, et non l'inverse… C'était vrai aussi. Ce silence est un magicien, un devin, un prophète… C'est la partie immergée d'un iceberg, la face cachée des mots. Quand on l'écoute, il s'élève comme la poussée d'Archimède, il tombe comme la pomme de Newton, il chante comme la poésie de Ronsard, il ouvre nos ailes, nous libère de la pesanteur, et nous apprend que l'esprit est un gouvernail de profondeur qui nous propulse en altitude… À quand une minute de silence sans drapeau ni fanfare, sans hymne et sans armée ? Félix Leclerc dans « Pieds nus dans l'aube », se souvient de ces repas de famille où sa mère demandait soudain à tout le monde autour de la table de se taire un instant… pour le bonheur.

ET SI LA CLÉ ÉTAIT AILLEURS ?

Fasciné par le vol libre, majestueux et fluide de *Jonathan Livingston le goéland*, j'ai voulu en lire davantage sous la plume de Richard Bach, et j'ai découvert un autre de ses livres, *Illusions*. Un messie découragé, devenu récalcitrant à force de devoir faire des miracles pour être écouté, s'est reconverti en pilote de tourisme, proposant des baptêmes de l'air à trois dollars les dix minutes. N'usant plus de ses pouvoirs que pour ressusciter les insectes écrasés sur le pare-brise de son biplan, il possède un livre qui, lorsqu'il tombe, s'ouvre toujours sur la réponse à une question que l'on ne s'est pas posée. Par exemple : « Voici une épreuve pour découvrir si ta mission sur la terre est terminée : si tu es vivant, c'est qu'elle ne l'est pas. » Vivre. L'expérience nous déleste souvent de l'inutile. Noëlle a souvent cette réflexion : « Le pire, ce serait de ne pas vieillir. » Nous avons la vertu de laisser des mots sous nos pas dans le ciel. C'est ainsi qu'il m'est venu à l'idée que le regard des artistes pouvait être utile au monde.

Une chanson peut-elle apporter sa pierre à l'édifice ? Une trace d'émotion, un instant de beauté… De la première berceuse à la musique électronique, l'homme n'a cessé de laisser l'empreinte de son passage. À travers l'écho de son génie musical, dans la richesse de sa palette, nous nous grisons des chefs-d'œuvre dont les artistes ont nourri nos âmes. La beauté survit au talent qui la sublime, à l'émotion qui la porte ou à la main qui la sculpte. L'art est d'essence humaine. Rien ne lui est équivalent dans la nature. Si la beauté nous éblouit, c'est parce qu'un œil la regarde et qu'un cœur la ressent.

Je suis de cette lignée, j'aime attarder mon regard sur le cadre de la photo que je n'ai pas faite, mais que j'ai prise avec les yeux. J'aime transmettre la beauté qui me touche, alléger le fardeau de ceux que je croise, ne serait-ce que le temps d'une chanson. Je sais que cet instant peut subsister long-temps comme l'effluve d'un parfum, une madeleine au goût de souvenir. Je n'ai aucun scrupule à peindre du doux sur les murs, dès lors que ce doux est fondé sur un moment vécu. Souvent, le plus beau de tous les mots n'est pas le plus joli, mais le plus juste, celui qui porte l'émotion vraie. Mes chan-sons sont autobiographiques. Elles n'occultent ni la peur ni la violence, la révolte ou l'absence… La poésie du quotidien recèle des trésors qui sèchent les pleurs et consolent de bien des douleurs. La fragile alliance des vers et des notes a parfois le privilège d'incarner la photographie d'un sentiment, comme Robert Doisneau ou Willy Ronis ont pu saisir au vol un instant fugace qui, sans eux, aurait disparu… C'étaient des êtres de papier sensible. En poésie, les âmes tendres sont des révéla-teurs de l'invisible, et rivalisent en beauté avec la cruauté du monde. Faire d'une épreuve un agrandissement. Cela permet de chanter le chagrin, la mort, la peur ou la souffrance, avec la force de la douceur. L'amour est le plus puissant des remèdes, quand il croise la douleur sur son chemin. Une chanson parle au cœur. Parfois l'émotion me submerge quand je chante. Je domine mon trouble et je reprends le fil, mais je sais que le public a ressenti le frisson et le silence de la salle est différent. Sans nous connaître, nous avons partagé un moment d'intimi-té, enveloppés dans la même bulle, comme un instant unique. Cette magie existe aussi dans l'écriture, quand elle nous offre l'inattendu d'un mot, la surprise d'une image ou le sourire de l'inspiration. C'est un cadeau pour plus tard. En revivant cet instant sur la scène dans la lumière des regards pour lesquels je chante, je sais que j'ai attrapé un courant d'air avec mon filet à papillons.

De tout ce que les hommes ont bâti, quels ouvrages ont le mieux survécu à l'usure du temps ? Quelle transmission a franchi notre histoire à travers les âges pour parvenir entre nos mains ? Et que restera-t-il de nous dans les siècles à venir ? Pour les archéologues du futur, quelle sera la quintessence de notre héritage ? Le génie humain a produit des inventions, élevé des monuments d'intelligence, il a relevé des défis et pulvérisé ses limites au-delà de tous les possibles. Vouée au dépassement, l'humanité se propulse vers les étoiles et plonge au cœur de l'atome pour trouver la clé de l'infini, découvrir la raison d'être de son existence, la trace de son origine et la finalité de sa conscience. Dans cet univers incommensurable, notre grain de poussière n'a pas de dimension perceptible. Peut-être devons-nous chercher ailleurs la signature de cette mosaïque dont la beauté nous émerveille ? Elle se manifeste dans l'insaisissable émotion de ce fleuve continu de générations. Le souffle de l'esprit est si fragile et immatériel qu'il semble difficile de concevoir qu'il soit plus résistant que l'acier, la pierre ou le diamant. C'est pourtant de Lascaux que nous vient l'un des messages les plus anciens de l'âme humaine, la trace d'une émotion pure qui parle à nos cœurs. Si les monuments s'effondrent, s'émiettent ou s'érodent, la mémoire parvient à transmettre des traditions millénaires, à préserver des secrets initiatiques, des mystères et des symboles, des langues, des images et des savoirs ancestraux. Quand les ordinateurs se taisent faute d'énergie pour allumer leurs écrans, quand des bibliothèques s'embrasent dans des autodafés qui effacent l'histoire, après les cataclysmes qui nous engloutissent sous les flots, il subsiste dans le plus ténu des signes de vie, l'expression d'un peuple ou de ses pensées, le geste d'un témoin qui nous confie la preuve de son passage, de son partage. Le mystère est intact. Ce témoignage est le plus souvent de nature artistique, c'est la trace d'un esprit créatif, doué d'un talent sensible qui nous touche. Derrière cet hologramme surgi du passé, on décrypte un langage, une civilisation se décline, une culture, une façon de vivre. L'art déroule un itinéraire qui conduit à nous-mêmes. L'éternité prend son temps, la beauté du geste est d'une patience infinie. Quand elle nous rejoint, on est saisi d'admiration, on touche à l'essentiel. L'univers aussi se révèle comme une source intarissable de beauté. L'observation de la nature, les images prodigieuses du ciel profond ou de l'infiniment petit suscite aux yeux des savants comme au regard du commun des mortels une émotion toujours renouvelée. Au moment où la science est en passe de découvrir des dimensions nouvelles de l'univers, des états encore inconnus de la matière et des formes d'énergie ignorées, la majeure partie de ce qui nous entoure est constituée de mystères et de questions. Dans la recherche scientifique, la notion même de « découverte » consiste à trouver quelque chose là où on ne l'attendait pas. Serait-il si surprenant qu'en matière de spiritualité, nous soyons conduits aussi à découvrir que la clé est peut-être ailleurs que là où nous la cherchons ?

ARMÉ D'AMOUR

Depuis toujours je me défends de l'émotion qui m'envahit. La mauvaise, celle qui vous paralyse, vous panique et vous empêche. Celle qui vous révèle sans cuirasse aux yeux de tous, cette sensibilité stupide qui fait rougir, blêmir, trembler, échouer. Combien j'ai maudit cette émotivité excessive, qui me troublait quand j'aurais voulu m'abandonner, mais que je bénissais aussi parfois de me relier au meilleur de la musique, de l'amitié ou de la tendresse. Je voulais me renforcer sans m'endurcir. C'est un réglage douloureux, un sentier qui court au bord d'un précipice. J'ai choisi de rester vulnérable, d'assumer cette part de fragilité qui rend amoureux, tendre et prévenant, attentif et présent au monde, de garder mon âme ouverte à (presque) tous les vents, là où d'aucuns ferment les écoutilles sur la peur de souffrir. C'est sans doute ainsi que je suis devenu sans le savoir un militant de la douceur, armé d'amour jusqu'aux dents. La réalité est têtue, elle s'impose avec le temps. Elle déploie sa complexité, résiste aux schémas qui la caricaturent et s'impose par la nuance. Dans le silence de nos cœurs, la vérité est toujours en chemin. L'humain est ainsi. Même dans les soubresauts de sa violence, à travers les affres de la barbarie, il transmet la douceur de sa nature profonde par les moindres failles du rocher qui l'enferme et de la prison qui l'enserre. Jusque dans les cavernes où il peint son âme à mains nues, il est libre dans son cœur. Nous voyons un homme avec une massue, qui chasse le mammouth et s'habille de peaux de bêtes, et on découvre un artiste, sous l'extraordinaire délicatesse de ses ouvrages. Cette différence porte un nom : l'humanité.

« Un homme qui disparaît, c'est une bibliothèque qui brûle. »
Dans les éloges qu'il reçoit, les discours qui l'honorent, la mémoire de sa vie apparaît en filigrane. Pourquoi ne pas vivre cette nostalgie au présent, comment ne pas comprendre que notre réalité, ce sont nos rêves, que notre essence même, c'est l'amour qui reste aux vivants. C'est aussi l'œuvre de l'artiste qui éclaire les générations suivantes. Nous sommes des passeurs. À l'image de la flamme olympique, cette lumière se transmet d'une vie à l'autre. Nous ne sommes pas maîtres de cette course de relais, mais nous sommes à même de décider ce que nous transmettrons. C'est la chaîne la plus précieuse de l'univers. Si nous la respectons, elle sera indestructible. La beauté du monde nous rassemble au-delà de nos différences, quels que soient nos dieux ou la couleur de nos peaux. Le sourire qui ouvre un visage est un langage universel. À la lumière des traces laissées par les premiers humains à l'abri de leurs grottes, la paléontologie nous confirme que de toute éternité, nous sommes des entités spirituelles. C'est dans le regard de l'autre que s'allume notre humanité. À l'instar de deux bûches incandescentes qui se consument, c'est quand elles se rapprochent que jaillit la flamme. Nous avons ce trésor en commun, qui fait de nous un seul et même peuple. Ce partage d'humanité qui sème de l'or sur notre sillage, c'est le chef-d'œuvre d'une vie. Au jour du dernier rendez-vous, c'est ce qui restera de nous.

Je sens parfois combien l'impudeur de mes sentiments peut sembler « dérangeante », mais j'ai compris que ma route est là. C'est difficile d'être un homme, mais c'est aussi pour ça qu'on est si heureux d'y arriver quand même...

Pour ne pas que notre étincelle ne soit belle que quand elle s'éteint.

TABLE DES MATIÈRES

Achevé d'imprimer en mars 2017
sur les presses de la Nouvelle Imprimerie Laballery
58500 Clamecy
Dépôt légal : mars 2017
N° d'impression : 703257

Imprimé en France

La Nouvelle Imprimerie Laballery est titulaire de la marque Imprim'Vert®